変わる入試に
強くなる

樋口裕一
白藍塾

小3までに伸ばしたい「作文力」

“考えて書く”は全ての学力の基礎

青春出版社

はじめに

２０２０年にこれまでの大学入試センター試験が廃止され、新たに大学入学共通テストが始まります。それにともなって、テストの内容も大きく変化することが予告されています。そして、この改革は大学入試にとどまらず、中学入試、高校入試のあり方、そして中学・高校での授業内容も変えることになるはずです。

これまでの入試では、どれほど物事を暗記しているか、どれほど理解しているかが問われました。ところが、新テストのモデル問題によると、どれほど知識を応用できるか、どれほど独自の発想ができるか、自分の考えをどれほど的確に他人に説明できるかに重点が置かれています。また、記述式の問題が増えることが確実視されています。

これからは、暗記して理解するだけでなく、自分の考えを持ち、知識を応用して考え、それを文章にして説明する力が求められます。まさしく、作文の力が求められるのです。

本書は、そのような新たな入試に強くなるための作文メソッドを公開したものです。

作文はすべての科目の基礎になります。本書で紹介するのは、これまで学校で書かされてきたようなおもしろみのない作文の書き方ではありません。楽しみながらおもしろい作文を書こうとし、そのうえで新しい入試に必要な独創性や発信力を養っていくシステムです。

この方法で作文を学んでいけば、作文が上手になるだけではありません。記述力・語彙《ごい》力・読解力が身についてきます。発想も豊かになります。新しい入試に必要な力がつくばかりか、これからの社会に求められている力をつけることができるのです。

私は白藍塾《はくらんじゅく》の塾長として、長年にわたって大学入試小論文や小学生作文の指導にあたり、これまで多くの受講生を志望大学に導き、小学生、中学生の作文力、国語力向上に力を尽くしてきました。今回は、大学入試改革に伴って、これまで蓄積したノウハウにいっそうの磨きをかけたつもりです。

本書には中学入試の作文問題に対応できる力をつけるための練習問題を付録としてつけました。小学校3年生までのお子様だけでなく、4年生、5年生、6年生のお子様にも、そして保護者の方にも役立つ本になっています。

なお、本書の中で作文例として和田優花さんの見事な文章を多く使わせてもらいました。この場を借りて感謝の気持ちを申し上げます。

本書を読んで、多くの方が作文力をつけ、入試に必要な力をつけ、社会で活躍するための力をつけてくれることを願います。

樋口　裕一

変わる入試に強くなる
小3までに伸ばしたい「作文力」

目次

第1章 「考えて書く力」はすべての学力の基礎
――変わる入試に必要な能力は、作文で伸ばせる

第2章 作文を書く前の準備
――まずは、クイズ感覚で楽しく日本語トレーニング

第3章

この「型」に沿って書くだけで作文はうまくなる

——「ホップ・ステップ・ジャンプ・着地」で構成力アップ

第４章

こうすれば、どんなテーマでもすらすら書ける

――「想像」を発信して、「知識」「体験」を活用する

第5章 「作文力」をさらに伸ばす読書感想文、小論文の攻略法
――学校では教えない「必勝パターン」

第６章

家庭でできる楽しい作文遊び

——やる気とアイデアを引き出す親の習慣

付録　中学入試作文必勝テクニック

本文デザイン・ＤＴＰ　岡崎理恵

第1章

「考えて書く力」はすべての学力の基礎

——変わる入試に必要な能力は、作文で伸ばせる

ほかの科目よりも作文を

「作文を勉強するよりも、算数や国語の漢字の書き取りを勉強するほうがすぐに成績が上がる。作文なんて、成績に直結しない。そもそも作文という科目もないし、あまり勉強しても意味がない」

そう思ってらっしゃる方が多いでしょう。

確かに、作文は算数の計算や国語の書き取りほどすぐに効果は上がりません。実際に力がついたのかどうかもすぐには確かめられません。すぐに点数を上げるのでしたら、もちろん計算や書き取りの練習をするほうがよいでしょう。

しかし、だからといって、作文の勉強を軽視するべきではありません。

すぐに効果が現れず、すぐに力がつかないということは、逆に言えば、力をつけるのに時間がかかり、じっくりと力をつける必要があるということです。

作文という科目がないということは、これも逆に言えば、すべての科目に必要な力だということでもあります。

国語だけではなく、社会科にも、理科にも、そして英語にも、作文力がものを言うのです。

文章を書くとはどういうことか

文章を書くには、まず物事を筋道だって考えなければなりません。筋道だって考えるということは論理的に思考するということです。これこそが思考の基本です。

しかも、そうして考えたことを言語を操って表現します。自分の漠然とした思いを言葉にすることによって思考を深めるのです。

これはきわめて高度な知的作業です。作文を書くことによって、そのような知的訓練ができるのです。

また、**文章を書くということは自分の考えを他者にわかるように表現するのですから、コミュニケーション力をつけることにつながります**。

読んでいる人の気持ちを配慮して書くことによって、人とのやり取りを身につけることができるのです。

また、**文章を書くことによって自分を客観的に見つめることができます**。行き当たりばったりに行動するのではなく、物事を考え、時に自分の行動を振り返ります。それをするうちに自分を相対化し、自分を見つめる心が養われてきます。

このように、文章を書くということは人間の知性の成長にとってとても大事なことです。そして、そのような文章を書く手がかりとして、小学生のころの作文はとても大事なのです。

発信力が求められている

現在、社会では発信力と活用力が求められています。

これまでに勉強は主として受信することが求められていました。先ほども説明した通り、学校の勉強は、暗記することと理解することが重視されました。つまり、受信中心でした。

しかし、これからは違います。**自分の考えを持ち、それを他者の伝える必要があります。**

社会に出てからも、かつては黙って上司に言われることをしていれば評価されたのですが、現在ではプレゼンをして認められて初めて仕事を与えられます。仕事をした後は、それを報告しアピールすることが必要です。それをしてこそ、認められるのです。

エントリーシート、面接など就職活動には不可欠です。

社会人になってからも、レポートを書き、会議で発言し、プレゼンをし、時に昇進試験を受ける必要があります。

これらすべてに関わっているのが発信力です。

発信してこそ周囲に認められます。発信しなければ、いかに能力があっても、それを発揮する機会が与えられません。言い換えれば、能力がないのと同じことになってしまうのです。

活用力が求められている

もう一つ必要とされているのが、活用力です。

少し前まで、暗記すること、理解することが求められていました。学校の勉強というのは、知識を頭に入れ、それを理解することでした。試験もどのくらい暗記しているか、どのくらい理解しているかを試すものでした。

ところが、これからはそれだけでは通用しません。情報や知識を活用して思考し、自分で物事を分析し、問題点を発見し、解決するためにはどうするべきかを考える必要があります。

つまり、情報や知識の活用が求められているのです。

情報や知識は活用されて、何かの問題解決や判断に結び付かなければ、何も生みだしません。

いくつもの知識を組み合わせ、そこから自分で何かを見つけることがこれからは必要なのです。その力のある人が、これからの社会を動かしていきます。そして、それこそが、これまでの日本の教育、日本の社会に不足しているものでした。

知識・理解中心の入試から、思考力・表現力中心の入試へ

そうした力が要請されているため、大学入試でも発信力と活用力が重視されるようになってきました。

暗記中心、理解力中心の入試から、情報や知識を活用して自分の考えをまとめ、それを文章や発言の形で発信する力が求められるようになっています。

これまでも、一般入試で、そのような発信力と活用力を見るために、小論文試験が課されることがありました。小論文問題のほとんどは、ある問題点をまとめた文章を情報として読み込み、そこに書かれている問題点について自分の知識を総動員して考えをまとめ、それを文章としてまとめることが求められています。慶應義塾大学や多くの国立大学で小論文が入試で大きなウェイトを占めています。

そのほか、多くの国立・公立・私立大学の推薦入試やＡＯ入試でも小論文やエン

トリーシート、面接などで、課題について分析、判断し、それを発信することが求められます。また、東京大学の社会科の試験などは、選択式よりも記述式が中心です。そこでも、自分の知識を組み合わせて問題を解いていき、それを文章に表すことが求められます。

しかし、発信力・活用力を重視する小論文試験は、これまで大学入試の主流とは言えませんでした。小論文や記述式の試験問題を受けずに大学に入学する人のほうが多数でした。

ところが、2020年度から状況が大きく変わります。その年から、現在まで30年間続いた大学入試センター試験が廃止され、別のタイプの大学入学共通テスト（通称、新テスト）が実施されます。そこで重視されるのが記述式問題なのです。とりわけ、国語科目では記述式問題が大きく扱われます。

しばらく前から、文科省の主導によって、21世紀型学力をつけることが提唱されてきました。

21世紀型学力とは、大まかに言えば、思考力をつけ、問題を解決し、知識を活用し

て自分で生きていくための学力です。

これまでの社会に役に立たない勉強のための勉強から脱却して、実際の社会で問題解決に役立つ力をつけようとするのが、このような学力観の基本にある考えでした。そして、それを実際に大学入試に取り入れようとしたのが、２０２０年の改革なのです。

大学入試改革で重視される記述式問題

その基本としての文系では記述力が何よりも重視されています。

どのように採点するか、どのくらいの字数が要求されるかなど多くの問題が残っていますが、間違いなく言えることは、大学はこれまでのような○×式ではない、記述式を求めてくること、大学入試の多くが記述問題になることです。

これまでのマークシートのようにクイズ式の選択問題ではなくなります。物事を理解し、知識を活用して自分の考えを発信する力が求められるのです。そこで、重視されるのも、物事を考える力、そして文章にまとめる力です。

2020年度以降の試験問題がモデル問題として発表されています。その詳細な分析についてはここでは控えますが、新たに導入された記述問題については、まさしく情報や知識を活用して発信する力が求められていると言えるでしょう。

これらはこれまでのような小説や評論文の読み取りではありませんでした。もっと日常的で実際的な文章が出題されました。それらの文章は、最初に規定や条文などの原則を示す文章が示され、その原則が実際の現場でどのように適用されるのかを考えさせる問題でした。つまり、与えられた情報を活用する能力が試されているのです。

大学入試の記述式問題のために、直前になってそのような練習をしても、もう間に合いません。先ほどもお話ししましたが、そのような力はすぐには身につかないからです。そのときになって、知識を活用して自分の考えをまとめ、文章として発信する力をつけようとしても手遅れということになってしまいます。

将来予想される大学入試の記述力のためにも、早いうちから書き慣れること、論理的に思考する訓練をしておくこと、分析できる力をつけておくことが大事なのです。

「読む」より「書く」で読解力が育つ

よく「読み書き」という言葉が使われます。それに対して、私が塾長を務める白藍塾は、むしろ、「書き読み」ととらえるべきだと主張しています。

これまでの国語教育の中心は「読む」ことでした。物語や報告文を読んで、それを理解することに主眼が置かれていました。しかし、読むだけでは限界があります。

スポーツの場合、それを見るだけではその競技を理解できないでしょう。野球やサッカーをいくらテレビで観戦しても、各選手の動き、その気持ち、細かい戦術などは理解できるようにはなりません。実際にそのスポーツを体験してこそ、本当に理解できるようになります。

文章を読むのも同じことです。自分で書いてみることによって、書いている人の気持ちやテクニックが理解できます。論理的に書こうとしているうちに、論理的に読むことができるようになります。

もちろん、書くことと読むことは裏腹です。書く機会があると、読みとるときもその表現をまねてみよう、今度自分の作文でその内容を使ってみよう、自分だったらこうしないで別のようにするなどと考えるようになります。読むことが通り過ぎずに、自分のものになっていくのです。読むだけでは通り過ぎてしまうものが、書くことによって自分の中に定着します。

書くことで問題を発見し、自分の考えを染める

それだけではありません。書こうとすることによって、様々なことが見えてきます。

ご自分が昔、感想文を書こうとしたときのことを思い出してください。感想文を書かなければいけないと考えるから、本を繰り返し読みます。そして、そこに何かを発見して、感想文に書きます。

高校や大学のレポートも同じです。書かなければならないために、書くための材料を探し、それについて考え、それを繰り返すうちに、それまで気づかなかったことに気づき、問題を発見し、思索を深めることができるのです。

しかも、書くという行為は、それまで自分が書いた部分を読み返して、それに書き加えたり、書き直したりする作業です。つまり、自分の考えを振り返り、考えを深めていくことができるのです。そうして、自分の考えを目に見えるものにして、思索を深めていきます。

書こうという機会がなければ通り過ぎてしまうものを、書かなければならないという意識があるために、意識にとどまり、それが自分のものになり、思索として深まっていくのです。

このことからも、書くことを優先するべきだという私たちの考えをわかっていただけると思います。

書く力は全教科の学力につながる

以上お話しした通り、書くことによって様々な力がつきます。

言うまでもないことですが、書くことによって、先ほどお話しした通り読解力がつきます。ですから、当然のことながら国語の成績が伸びます。私たちの白藍塾でも、作文の勉強をすることによって国語の成績が飛躍的に伸びたという報告は多数受けています。

しかし、それだけではありません。社会を見て、それを表現する力がつきますし、作文を書いた後で、小論文などの勉強をすることになりますので、社会を見る目が育ちます。社会科の成績も伸びてくるのです。これにつきましても、私たちの白藍塾を受講したＯＢの多くが新聞社や出版社に入って活躍していることからも理解していただけると思います。

それだけではありません。理科も実験記録を取ったり、合理的に思考したりするものです。物事を分析的に観察して、それを文章にまとめる能力が不可欠です。そして、また算数も文章を読み取れなければ、文章題を解けないことにつながります。

そして、そもそも理科も算数も論理的に筋道だって物事を考える力をつけるための教科です。言うまでもなく、基本には文章力があるのです。

低学年までにやっておきたい「文章の練習」

「大学入試が記述式になったのなら、直前になって対策を取ればよい。小学生から対策することもない」

そう思っておられる方も多いでしょう。

しかし、作文こそは小学生のころ、遅くとも中学生までには学んでほしいのです。

私は、**文章を書くのは自転車に乗るのと同じような能力**だと思っています。小さければ小さいほど、自転車に乗る練習は短くて済みます。小さい子どもでしたら、少し練習をするだけで、いつの間にか乗れるようになります。そして、そのまましばらく乗らなくても、もう一度乗ろうとすると、初めはふらつくかもしれませんが、すぐに慣れます。

ところが、子どものころに乗れるようになっていないと、そうはいきません。大人になって練習しても、いつまでもバランスが取れず、とても苦労します。

文章も、早いうちに書けるようになっておけば、一生苦労せずに文章を書けます。社会に出てからのレポートもプレゼンも、苦もなくできます。それを怠っていると、いつまでたっても文章を書くことができません。

私は大学入試のための小論文指導を30年以上にわたって行ってきましたが、文章を書く訓練をしていない高校生にしっかりした文章を書かせるのに大変苦労してきました。正直申し上げて、すでに手遅れと判断せざるを得ない高校生もいました。

ピアノなどの音楽の練習と同じように、文章の練習も早いほうが上達も早く、苦労も少ないのです。

子どもが「嫌がる作文」と「喜んで書く作文」の違い

では、そのような文章力をどのようにしてつけるべきなのでしょうか。とりわけ、小学生に対してどのようにして文章力をつけるべきでしょう。

私たちは、子どもたちの文章力をつける原動力になるのは空想作文だと考えています。空想作文とは、ファンタジーやSF、童話などの空想物語を書きつける作文のことです。

子どもたちは空想が好きです。空想することが好きですし、空想の物語を読むことが好きです。言うまでもないことですが、**子どもたちの喜ぶ童話や絵本はすべて空想の物語です。ゲームも空想の世界での出来事です。**

子どもたちは空想したがっています。それを作文という形で発揮してもらうのです。

私たちの白藍塾では、「無人島に行ったら」「タイムマシンで未来に行ったら」「不思議な卵を見つけたら」というタイプの空想作文を書いてもらうことから作文指導を始めます。

そうすることで、**「遠足について」「運動会について」「友達のこと」というような学校でイヤイヤ書かされる作文とは違って、子どもたちは文章を書くことを楽しむようになります**。

書くことを楽しむようになるのです。

そして、もちろん、私たちの白藍塾は子どもたちがいっそう書くことを楽しむように促し、指導するようにしています。

「空想作文」が発信力を伸ばすエンジンになる

空想作文を書くことによって想像を思い切り広げることができます。感受性も高まります。それ以上に言葉を使うことが上手になります。表現がうまくなるのです。そして、何よりも、ワクワクと楽しい気分で書けるので、発信力を伸ばす強力なエンジンになります。


この様子を表現するのにどのような言葉を使えばよいのか。

読んでいる人にイメージさせるにはどう説明すればよいのか。

読んでいる人を笑わせたりほろりとさせたりするにはどうすればよいのか。

そんな工夫をするようになります。

こうして言葉に対する感覚が磨かれ、言葉を駆使する力がつき、まさしく文章力がついてくるのです。


もちろん、多くの人の場合、大人になってからは、空想作文を書く機会はありません。ですから、作家になるような人を除いて、ほとんどの大人には空想を文章に書く機会はないでしょう。しかし、子どものころ、このような文章を書くことによって、大人になって書く論理的な文章の基礎を作ることができるのです。

楽しんで書いているうちに、いつの間にか、書く力をつけ、感受性を豊かにし、表現力を高め、語彙《ごい》を増やし、論理的な思考ができるようになり、発信力をつけることができるようになるのです。

さらにおもしろい話を作りたい、さらに説得力のある話にしようと、知識や体験を活用する力もつけられることでしょう。

学校で書いた作文が「ありきたり」になる理由

空想作文は何を書いても自由です。

学校で書かされる作文は、かなり道徳的でなければなりません。良い子の顔を見せなければなりません。学校作文はそのようなものを求めているのです。そうしないと、先生に叱られるかもしれません。

子どもたちはどうしても、先生に気に入られるような良い子の作文を書きます。そうしますと、縮こまって、おもしろみのない、ありきたりの文章になってしまいます。
「遠足に行って、……をしました……をしました。……をしました。楽しかったです」
という文章になってしまいます。

空想作文は違います。もっと自由に空想をはばたかせることができます。いい子の仮面をかぶる必要はありません。

道路で卵を見つけたら、そこから妖精が現れて世の中をおとぎの国に変えるかもしれません。卵から生まれたのは、怪獣かもしれません。悪魔が現れて、悪の限りを尽くすかもしれません。もしかすると、「悪」が生まれるかもしれません。世の中は大混乱に陥るかもしれません。そこにヒーローが現れるかもしれません。もしかしたら、正義のヒーローが悪に敗れるかもしれません。そのようなことを自由に書きます。

子どもたちがゲームで遊んでいるようなことを、自分で想像するのです。それを言葉によって描き出します。

そして、徐々に空想作文以外の作文や小論文へ学習を進めて、文章を書くことを楽しいと思い、文章を上手にしていくのです。

勉強をしているという気持ちを持たないまま、楽しんでいるうちに、どのような勉強よりも大事な力をつけることができるのです。

第2章

作文を書く前の準備

――まずは、クイズ感覚で楽しく日本語トレーニング

よい作文を書くための準備体操

さて、すぐに空想作文を書いてみたいところですが、小学校低学年のお子さんにすぐに空想作文を書かせるのは少し難しいかもしれません。

低学年でなくても、いきなり長い文章は大変です。**無理に書かせると、作文を書くのを嫌いにさせてしまいます**。少し準備体操をする必要があります。

私が塾長を務める白藍塾で行っている作文指導の実践を紹介しましょう。

まずは、楽しく日本語トレーニングをします。そうすることによって、空想作文を書くための力をつけ、徐々に頭をならしていきます。そして、**無理なく日本語の力をつけるとともに、長い文章を書くための準備をします**。

トレーニングといいましても、無味乾燥なつまらないトレーニングではなく、楽しめるような問題にします。それをクイズ感覚で解くように子どもに促します。

これも小学校低学年のお子さんは一人で行うのは無理でしょう。保護者の方と一緒に、楽しみながら考えてみてはどうでしょう。

大人がヒントを言ったり、お互いにおもしろがったりして、力をつけていくのが理想です。

トレーニング問題として、私たちは次のような問題を出しています。繰り返しますが、これらを勉強のための問題としてではなく、おもしろいクイズのような感覚で解いてみるのです。

問題1

例にしたがって、「　」の中に入る文を書いてください。

例

ぼくの弟は、とてもこわがりだ。たとえば、

「　　　　　　　　　　　　　」

答え

「一人でねられない」

「おばけやしきにはいれない」

「ちょっとした物音でさけび声を上げる」

「知らないものを見ると、すぐにぼくにしがみつく」

「一人でるす番ができない」「人形をこわがる」

「知らない人の前に出ると、びくびくする」

「先生の前ではこわくて話ができない」

❶
私のお姉さんはとてもおしゃれだ。たとえば、

「　」

❷
私のおじさんはのんびり屋だ。たとえば、

「　」

❸
Sさんは、とてもプライドが高い。たとえば、

「　」

問題2

例にしたがって、「　　」の中にまとめるような言葉を入れてください。

例

ぼくの弟は、おばけやしきにもはいれないし、一人でるす番もできないし、ちょっとした物音がすると叫《さけ》び声を上げて、ぼくにしがみつく。つまり、ぼくの弟は「　　　」。

答え

「こわがりだ」
「気が弱い」
「おくびょうだ」

❶
私のおじいちゃんは、お金の余裕《よゆう》がないのに、タクシーに乗ったら「つりはいらない」と言うし、寄付《きふ》をたのまれたら、ほかの人より多く寄付《きふ》をするし、グリーン車に乗ろうとする。そのことを大きな声でみんなにわかるように言う。つまり、おじいちゃんは

「　　　　　　　　　　　　　　　」。

❷
都会のはんかがいを歩くと、交差点では大きな音で音楽が流れている。いくつものお店で音楽がかかっていたり、店員さんが大声で呼び込みをしている。お店の中でも大きな音がしていることがある。駅に行っても、ずっと大きなアナウンスが鳴っていたり、ベルの音がしている。つまり、都会は

「　　　　　　　　　　　　　　　」。

問題3

例にしたがって、その内容を想像して、どのような様子なのかをくわしく書きなさい。

例 ふしぎなタマゴが机の上にあった。そのタマゴは「　　」

答え 大きさはニワトリのタマゴの三倍くらいあって、見た目はウズラのタマゴに似ていて、黒いまだらの点がついている。

❶ 通りの向こうから、おばけがやってきた。そのおばけは

「　　」

❷ 草の上に妖精《ようせい》がいた。その妖精《ようせい》は

「　　」

解答例

問題１

❶
クローゼットいっぱいにおしゃれな洋服がかかっている。
洋服代にお小づかいのほとんどを使う。
お化粧《けしょう》をするのに３時間くらいかかる。
２泊３日の旅行にも大きなスーツケースにたくさんの服を入れていく。
毎週ネイルサロンに行ってつめをきれいにしてもらう。

❷
一冊の文庫本を半年くらいかけてゆっくり読む。
通勤《つうきん》時間の駅でもゆっくり歩く。
おふろにも一時間くらいかけてゆっくり入る。
今日じゅうにしなくてはならないことがあっても、いつまでもなにもしない。

❸
何でも自分が一番でないとおこりだす。
自分が苦手なことは人前でしようとしない。
いつも見栄《みえ》を張って最高に高い服を着ている。
だれかがほめられるときげんが悪くなる。

問題2

❶「気前がいい」「見栄《みえ》っ張りだ」「お金に無頓着《むとんちゃく》だ」

❷「騒音《そうおん》が大きい」「うるさい」「騒々《そうぞう》しい」「にぎやかだ」

問題3

❶熊《くま》のような形をして宙《ちゅう》に浮いていた。
顔が人間のように眉《まゆ》と目と口と鼻がある。
口が大きくて顔いっぱいに広がっている。

❷背《せ》の高さは5センチくらい。
絵本で見たシンデレラのようなデザインの服を着て、まっすぐに立っている。
服の青い色が緑の葉っぱの上で目立っていた。

「具体化と抽象化」は国語力の基本

ここに挙げた問題1・2・3は、いずれも具体化、抽象化にかかわる問題です。

私は、**国語力の基本になるのは、具体化と抽象化の能力だ**と考えています。

文章を書くとき、「弟はこわがりだ」と書いたら、その具体的な例を続けないと、それを読んでいる人は納得してくれません。

ですから、例を示して、弟が具体的にどのような行動をしているのか、どれほどこわがりなのかを読んでいる人にわかってもらう必要があります。

逆に、弟がある種の行動をとっているのを描いて、暗に「弟はこわがりだ」ということを読む人にわかってもらうことも大事です。現実社会でも、そのようにして、いろいろな出来事を判断しているはずです。

文章は抽象化と具体化から成っています。文章を読み取れない人、国語力のない人は、それを理解できず、どこからどこまでが抽象か、どこから具体なのかを識別できません。抽象的な文を読んでも具体的な出来事を想像できません。具体的な事例を読んでもそれを抽象化できません。

抽象化・具体化ができるように訓練をして、国語力、思考力の基礎を作るのが、この問題の主眼です。

書く力をどんどん伸ばす「ほめ方」とは

子どもたちにこのタイプの問題を解いてもらい、力をつけるための最大のコツ、それはほめることです。

これらの問題には答えはありません。どんな答えでも正解です。場合によっては、的外れなこともあるでしょう。不十分なこともあるでしょう。しかし、完全に不正解とはいえないでしょう。そのような場合も、ほめながらも、

「もっといい答えがあるかもしれないね」
「もっとおもしろい答えも考えてみよう」
というように考えることを促します。

こうして、問題1では、例えばすごくこわがりの人を思い出したり思い浮かべたりして、その人がどんな行動をとるだろうかを想像させます。**極端な例を考えるといいでしょう。**自分のふだんの行動などを考えて、そこに極端なこわがりがいたら、どんな行動をするかを考えます。それこそが「具体化」する力なのです。

問題2は、その逆の能力を高めます。具体的なことから抽象的な意味をつかみます。こちらのほうは正解はある程度限定されますが、いくつもの言い回しがあるでしょう。時によっては、大人が思いもよらない答えを子どもが出すことがあります。そんな場合も、

「ああ、なるほど、そんな考え方があるね」

とほめます。そして、それが少し的外れだったら、

「そんな考えもおもしろいけれど、もっと別のほうがもっといいかも」

というように話を向けます。


問題3は、想像して具体的に説明する力です。具体化することによって、それを他者に伝えることができます。

子どもが答えに詰まるときは、

「どのくらいの大きさだった？」

「どんな色だった？」

「なぜ、それがタマゴだとわかったの？」

などと質問して、それに答えさせるようにします。

そして、おもしろい答えを出したら、思い切りほめます。

そうすることで、子どもは想像し、書くことが好きになっていくのです。

ウソつきは作文上手のはじまり

この種のトレーニングでは、嘘をついてもかまいません。それどころか、もちろん嘘をつかなければ、この問題は成り立ちません。

実際にはこわがりの弟がいるとはかぎりませんし、お姉さんはおしゃれではないかもしれません。怪獣やおばけを見たことのある人はほとんどいないでしょう。空想するということは嘘をつくということです。

ところが、学校作文では、「嘘をつかないで、ありのままに書きなさい」と指導します。そうすると、子どもは萎縮してしまいます。書くことを楽しめません。

落書きと同じように、子どもは空想力を発揮し、思いっきり嘘をつきたいのです。その欲望を抑えては、子どもの能力に壁を作ってしまいます。

作文を書くときには嘘をついていいのだ、嘘が想像なのだということをまず子どもたちにわかってもらいます。そして、あれこれとおもしろいことを考えてほしいのです。ほかの科目では、一つ答えが出ると、それで終わります。ほとんどの場合、答えは一つです。

しかし、この種の問題の場合、**答えは一つではありません。もっともっと別の答え、もっとおもしろい答え、自分らしい答えがあります**。本当の間違いといえるような答えも少ないでしょう。

ですから、お子さんの答えがおもしろくなくてもほめることができます。同時に、もっとほかにおもしろい答えを考えるように促すこともできます。もっともっとと考えて盛り上がることもできます。

数人で競い合っておもしろい答えを出そうとすると、盛り上がるはずです。しかも、そうすることで、自分とは異なった発想、思いもつかない視点を知り、自分の発想も深まっていくのです。

悪いやつを書いていい

親は残酷な場面を嫌う傾向があります。

「妖怪が出てきて、人を食べていた」

というような答えを書くと、親は子どもにそのようなことを書かせないように仕向けたりします。

しかし、私はそれを空想力の抑圧だと考えます。

人間は残酷な面を持ちます。実際に犯罪者、暴力的な人がいます。どんな善良な人の心の中にも悪が潜んでいます。だからこそ、小説やドラマの中に悪役が登場し、多くの人がそこにぞくぞくするような魅力を覚えるのです。

人間の心の奥にあるそのよう心を封印するべきではありません。そうしてしまうと、子どもは自由に想像できなくなり、作文を書くことを嫌うようになり、萎縮したつまらない文章しか書かなくなります。

落書きと同じように、作文は思いっきり自分の悪い心を発揮できる場でもあるのです。ですから、空想の中に悪の心、人をいじめたい心が出てきても、それをとがめるべきではありません。

また子どもは「うんこ」が大好きです。先ごろ、「うんこドリル」が話題になりましたが、子どもたちに物語を作らせると、しばしば、うんこが出てきます。

それも許容するべきだと考えています。

いい子であることをアピールするのが作文ではありません。自分の心の中の様々な空想を解放するのが作文です。そうすることで、書くのも楽しく、読むのも楽しくなります。

ただし、悪者が勝利したり、あまりにゆがんだ価値観が表に出ている場合には注意する必要があります。が、その場合も、

「つまらない」

「こんなことを書くべきではない」

と注意するのではなく、

「このように書くと、読者は離れてしまう。もっと別の書き方のほうが読んでいる人にウケる」

というアドバイスが必要でしょう。

「ありのまま」に書かなくていい

私たちの作文指導のもう一つの特徴は、読んでいる人を意識することです。言いかえれば、**ウケをねらうことです**。

これまでの学校作文は、自分の成長の記録という意味が中心でした。そのため、ある意味で検閲的な意味合いがありました。いい子かどうかの判定として作文が使われました。

しかし、空想作文の場合は違います。読む人間を意識します。

どれほど読む人をおもしろがらせるか、どう楽しんでもらうかを考えます。そうすることによって、書くことを楽しむことができるのです。そして、いっそう表現を工夫しようとするのです。

従来の学校作文では、「ありのままに書け」「自分の言葉で書け」と指導します。しかし、それでは表現の幅は広がりません。

空想作文では、言葉を工夫して、読んでいる人の心に訴えかけることを目指します。そうすることによって、表現の工夫をするようになり、国語力もつくのです。

いえ、そもそも日記を除いて、文章を書くということは読み手を意識することです。読み手がどう考えるかを意識しながら、文章を綴《つづ》っていきます。そうするからこそ、文章はコミュニケーションになり、他者への訴えかけになるのです。

したがって、未熟なうちは、下手なウケねらいになって、スべってしまうことも多いでしょう。悪趣味になったり、独りよがりになったりします。それも許容しましょう。そのような**失敗を繰り返して、徐々にセンスのいい笑いや感動を描けるようになるのです。**

はじめのうちはパクリでもよい

同じような理由から、私は盗作も子どものうちはかまわないと思っています。

そもそも経験の少ない子どもにオリジナルなものが書けるはずがありません。自分の体験だけ書いていたら、学校と家庭の日常的な出来事だけになります。それでは少しもおもしろい文章になりません。おもしろくするためには、アニメで見たストーリー、絵本や物語で読んだ場面などを織り交ぜる必要があります。

そもそも、おばけの描写をする場合、オリジナルなおばけを思いつくことはほとんど無理でしょう。まずはテレビで見たおばけを思い浮かべます。それでいいのです。「弟はこわがりだ」という問題にしましても、おそらく多くの人が、テレビで見た場面を思いつくでしょう。それでいいのです。それを繰り返すうちに、オリジナルのアイデアが浮かんできます。

言うまでもないことですが、オリジナルのもとはまねです。ドラマをまねてこそ、新しい物語を作ることができます。

ですから、「パクリ」だからといって、それをとがめる必要はありません。むしろ、**子どもが書けずにいるとき、「パクリ」を勧めましょう。**

「あのアニメの中で、あの子、どうしてたっけ……」

というようなヒントを出して、子どもの空想力にスイッチを入れるのです。

オリジナルを追求するということ

前項で、「パクリ」でもよいということをお話ししました。

しかし、もちろんそれは第一歩の話です。だんだんと作文の勉強をするうちに、オリジナルが大事だということを子どもにわからせる必要があります。

作文を書くということ、文章を書くということは、現実に対して発見をするということです。ありきたりの他人の考えや思いではなく、自分の考えたこと、自分が発見したことを書くということです。それを子どもにもわかってもらう必要があります。

そうすることによって、子どもは自分の発見を重視するようになります。自分のオリジナルを大事にすることになります。そして、徐々に自分の意見が生まれ、自分という個性が生まれていきます。文章を書くというのは、そのような自分を作るための手段だともいえるでしょう。

そうすることによって、徐々に自分の考えを持つようになります。これは社会を生きる上でもいかに大事なことであるか、言うまでもないでしょう。意見を持つからこそ、知識が増えていきます。社会について意見を持たないのに、知識だけを持つことはできません。そして、何かを発見することによって自分の意見をもって、社会との接触を深めていくのです。社会に対して、世間に対して、他者に対して、そして自分自身に対して関心を持ち、社会的な役割を果たすことができるようになります。

文章を書くというのは、そのような発見への糸口でもあります。

書き言葉を教える

ほかにも、私たちが子どもたちに出題している問題を紹介しましょう。私たちは、子どもの言葉の力を伸ばすために、次のような問題にも取り組んでもらっています。

問題 次の文を書き言葉に改めなさい。

❶ 先生は何にも言ってなかったけど、すごくおこってたよ。

答え（　　　　　　　　　　　　）

❷ Sちゃんはちょういじわるなとこあるけど、いいとこもあるんだよ。

答え（　　　　　　　　　　　　）

解答例

❶先生は何も言ってなかったが、とてもおこっていた。
先生は何も話していなかったが、強くおこっていた。

❷Sちゃんはとてもいじわるなところがあるが、いいところもある。

書き言葉に改めるのは、実はとても大事なことです。

人はもちろん、初めに話し言葉を身につけます。話し言葉こそが日常の言葉であり、生身の言葉です。しかし、文章を書くときには、一度話し言葉を抽象化して、書き言葉にする必要があります。これはきわめて高度な作業です。

これができずにいると、いつまでたっても話し言葉と書き言葉の区別ができず、話し言葉をそのまま文章にしてしまいます。書き言葉に転換することによって、理性的な文章を書くことができるようになるのです。ですから、書き言葉を使えないと、いつまでも理性的に思考できないことになってしまいます。

しかも、書き言葉に改めることによって、ある種の「翻訳」という高度な作業を行います。それをすることによって、言葉を意識的に用いることができるようになり、ひいては言葉を自在に操ることができるようになるのです。つまりは、それができないと、ほとんど本能的に言葉を用いるだけで、それを意識的に操るという作業が不得手になってしまいます。

そのような言葉の訓練のためにも書き言葉に改めるのは大事なことです。

敬体と常体を教える

問題

以下の文の敬体(「です・ます」調)を常体(「だ・である」調)に、常体を敬体に改めなさい。

例

ぼくのクラスの先生はおこると、とつぜん声が小さくなる。

← ぼくのクラスの先生はおこると、とつぜん声が小さくなります。

わたしは、お兄ちゃんが道でおしっこをしているのを見ました。

← わたしは、お兄ちゃんが道でおしっこをしているのを見た。

❶ 先生は大きな声を出した。

答え（　　　　　　　　　）

❷ 弟はそのことを知らない。

答え（　　　　　　　　　）

❸ 九時になったら出かけましょう。

答え（　　　　　　　　　）

❹ その本は読みませんでした。

答え（　　　　　　　　　）

解答例

❶先生は大きな声を出しました。

❷弟はそのことを知りません。
（「知らないです」とも言いますが、「知りません」が普通の言い方です）

❸九時になったら出かけよう。

❹その本は読まなかった。

言うまでもなく、日本語には敬体（「です・ます」調）と常体（「だ・である」調）があります。多くの人が、両方を特に意識しなくても使いこなしていますが、しばしば両方の文体が交じる人がいます。

もちろん、意識的に交ぜて書く作家などはいますが、基本的にはこれを統一するのが日本語の常識です。それなのに、ついつい交じってしまうのは、言葉に対する意識が曖昧《あいまい》なためでしょう。国語力の不足する人がしばしば、このような混乱をします。

逆に言えば、これらの混乱をしないように訓練をし、言葉に対する意識を高めることが、国語力をつけることにつながるのです。

この作業もまた、最初の意識に浮かんだ言葉を別の表現に翻訳するのですから、きわめて高度な知的作業です。このような作業をすることによって、言葉への意識を高めます。

なお、このような文の場合も、例文が子どもにとっておもしろいものである必要があると私は考えています。無味乾燥で大人っぽいものでは、子どもはおもしろがって先を読もうとしません。興味を引く内容であってこそ、作業を楽しく感じます。

言葉の使い方で文章表現が豊かになる

言葉遣い一つで、雰囲気が変わることを子どもにわからせたいものです。

「だ・である」にすると、ちょっとつっけんどんになる代わりに、論理的でてきぱきします。

「です・ます」は、基本的に誰かに向かって語る文体ですので丁寧になります。また、一文が長いか短いかによっても雰囲気が変わってきます。

「向こうから妖怪がやってきて、こちらのほうを見ているうちに僕を見つけて、僕のほうに歩いてきたので、僕は急いで逃げた」

と書くのと、

「向こうから妖怪がやってきた。こちらのほうを見た。僕を見つけた。僕のほうに歩いてきた。僕は急いで逃げた」

と書くのでは、読んでいる人が思い浮かべる情景はまったく異なります。

このような言葉の使い方を学ぶうち、表現の仕方しだいで同じ出来事を書いていても、まったく違った印象を持つことがわかってきます。おもしろくなったり、そうでなくなったり、ありありと現実が目に浮かんだり、そうでなくなったりするのです。

このようなことを理解することによって、上手に表現しようという意欲がわいてきます。そして、作文が得意になっていきます。

リアルな文章になる簡単な工夫

作文には、リアリティが必要です。リアリティ、すなわち本当らしさがあれば、フィクションでも楽しく読むことができます。リアリティがないと、いかにも嘘っぽく思われ、全体的にそれが本当と思われずに、読む人は飽きてしまいます。

リアリティを持たせるには、次の項目で説明するような描写力が必要ですが、もっと簡単にリアリティを持たせることができます。

たとえば、「男の人が歩いてきた」と書かれていても、読む人はそこにリアリティを感じません。ところが、

「男の人がすたすたと歩いてきた」

と書かれると、とたんに目に見えるようになります。

「男の人が忍び足で歩いてきた」

「男の人が足を引きずりながら歩いてきた」

「男の人が疲れ切った様子で歩いてきた」

などとしても、目に見えるようになります。

このように少しだけ、その様子を示す言葉を加えるだけで、まったく違った作文になるのです。

問題

例のように、（　）の部分に文字を加えて、目に見えるようにしなさい。

例　友だちが先に帰ってしまったので、ぼくは（　　）帰った。

答え　とぼとぼと　足を引きずるようにして　重い気持ちで

❶ 秋が深まって落ち葉が

（　　）落ちてきた。

❷ 暑い夏、太陽が

（　　）照り付けている。

❸ 悪いことをしていないのにしかられて、

（　　）腹が立った。

解答例

❶ ひらひらと　ひらりと　風に吹《ふ》かれてゆっくりと　くるくると回転しながら

❷ じりじりと　カンカンと　熱《ねっ》光線のように　肌《はだ》を刺《さ》すように

❸ むかむかと　じわじわと　むしょうに　むやみに

描写力を上げる3つのコツ

本当らしさを出すには、まず目に見えるように描写する力が大事です。

「おばけが出た」

と書くだけでは、それを読む人はおばけの姿を想像できませんが、

「人間の顔と形をしているが、首だけが人間よりもずっと長くて、目が一つだけのおばけがにゅっと顔を出した」

などと少し説明を加えると、読んでいる人は想像をして、それを本当のように感じます。

本当らしく書くコツをいくつか挙げておきましょう。

❶くわしく書く

基本はできるだけくわしく描写することです。子どもは、

「向こうからおばけが来た」

と書いてしまいがちですが、**なぜそれがおばけとわかったのか、どんな形をしているからおばけだと判断したのか**を書いてこそ、読んでいる人にも伝わります。

ただし、あまりくわしく書きすぎると、読んでいる人が想像しにくくなりますので、短い言葉でイメージがつかめるように書けるようにする必要があります。

❷ 色や音をまぜる

描写するときに音や色を描くと、いっそう想像力をかきたてます。

「魔女がほうきに乗ってやってきました」

と書くよりは、

「真っ赤な帽子をかぶった魔女がほうきに乗ってヒューヒューという風の音を立ててやってきました」

と書くほうが目に見えるようになります。

保護者の方が、

「どんな色の服を着ているの？」

「そのとき、音はしないの？」

などと質問して、お子さんの想像を膨らませると、作文も豊かになっていきます。

❸ 動きを出す

動きを出すのも、リアリティを生み出すためのうまい方法です。

「そこに先生がいた」

と書くよりも、

「先生が廊下《ろうか》を通ってやってきた」

と書くほうがリアリティが増すのです。

このように、**止まっていることについて書くのではなく、動きのある出来事、何かが起こっていることを書きます**。

そうすることによって、読んでいる人も、物事が起こっていく状況を見ることができ、そこにリアリティを感じることができるのです。

練習問題としては、以下のようなことをしてはどうでしょう。

問題

例のように、次の文章をもっとリアルに改めなさい。

例 お年寄《よ》りがバスに乗り込んできた。

答え 公民館前のバス停で、80歳を超したおばあさんが赤い色の杖《つえ》をついて、ふらふらとゆれ動きながらバスに乗ってきた。

❶ 団地《だんち》の庭にちょうちょが飛《と》んでいる。

答え（　　　　　　　　　　）

❷ 草の中からヘビが出てきた。

答え（　　　　　　　　　　）

解答例

❶団地の庭の花だんの赤い花のまわりを白いちょうちょがひらひら、ひらひらと飛んでいる。

❷草の中に何かが動くのが見えた。ヘビだった。くねくねと体を動かしている。口から赤い舌《した》がちょろちょろと出ている。

第3章

この「型」に沿って書くだけで作文はうまくなる

——「ホップ・ステップ・ジャンプ・着地」で構成力アップ

筋の通った文には「型」がある

トレーニングができたら、長い作文に挑戦してみましょう。

これまでにすでに想像力を働かせてきました。中には、もっと長く書きたいと感じている子どももいるでしょう。そうでない子どももいるでしょう。ここは無理なく、楽しんで書くように促しましょう。

私は、まずは「型」を身につけることを勧めています。

作文はもちろん自由な形式です。ですから、どのように書こうと自由なのですが、そう考えていると、盛り上がらないまま終わってしまったり、途中で書けなくなったり、意味不明のわけのわからない作文になったりします。

時々、「型を教えると、個性がなくなって、型にはめたような作文になってしまう」という人がいます。しかし、私たちの指導の経験からすると、それはまったく違います。

型を教えないで、子どもに作文を書いてもらうと、むしろみんな同じようになってしまいます。

型を教え、初めにどんなことを書いて、次にどう進め、どのように盛り上げるかを教えると、むしろ、みんなが独創的なアイデアをそこに盛り込もうとします。

型があるからこそ、その中で自由に空想をめぐらすことができるのです。

「ホップ・ステップ・ジャンプ・着地」の四部構成で書く

私たちが考えている「型」というのは、「ホップ・ステップ・ジャンプ・着地」という四部構成です。実はこれは「起承転結」のことですが、子どもにもわかりやすい表現を用います。

次のように構成します。もちろん、一つの部分が一つの段落である必要はありません。段落は一つでも複数でもよいでしょう。ともかく、この四つの部分を意識して作文を書きます。

第一部（ホップ）　これから何を書こうとしているかを簡単に予告します。

第二部（ステップ）　だいたいの状況を説明します。「ぼくは犬です」という題でしたら、ふだんどんなことをするか、どんな生活をしているかを書きます。何を書こうとするかによってもちがいますが、全体の20パーセントくらいの分量がいいでしょう。

第三部（ジャンプ）　ここで、事件を起こします。この部分はできるだけ具体的に、おもしろく書いてください。ここで、しっかりとおもしろさと個性をアピールします。ここは長めに書いて、全体の40パーセントくらいが適当でしょう。

第四部（着地）　上手に着地を決めればいいのです。うまくまとめてください。場合によってはオチをつけてもよいでしょう。

型を意識して書かれた作文例を示しましょう。

次の文章は「あわてもの」というタイトルで書かれた文章です。

❶「あったまごがない」

お母さんがいいました。まったくお母さんはあわてものです。（さっき、スーパーに行ってきたのに）わたしは思いました。るすばんがむだになりました。

❷「じゃあまたいってくるわ」「まってわたしもいく。だってさっきのるすばんむだだったもん」「わかった。ついてきて」

と会話しました。

❸スーパーにいきました。たまごをお母さんがとろうとしたときです。一番おくのたまごをとりました。なんでかというと、しょうみきげんが一番長かったからです。

……ガチャン！

前のたまごがぜーんぶわれました。

そしてみんなにちゅう目されました。

お母さんの顔から火が出ました。

❹ わたしは「お母さんはあわてものだなぁー」とおもいました。お母さんはおばあちゃんにしつけされなかったのかなあー。

❶の部分がホップと言えるでしょう。これから、卵の話をすることを予告しています。❷の部分がステップです。これから買い物に行こうとする様子が書かれます。そして、❸の部分がジャンプです。大事件が起こります。なんと、お母さんは大失敗してしまいます。❹の部分が「着地」です。

このように少し意識するだけで、すっきりと作文を書くことができるのです。

上手な作文を書くための注意点

作文を書くときには、次の点に注意してください。

注意点その❶　ともかくおもしろく書く

これまで何度もお話ししてきたことですが、ともかく空想作文は、おもしろさを目指してください。読んでいる人がおもしろいと思うように、先を読みたいと思うように書いてください。

しかし、だからといって、おふざけを書いても、読んでいる人はおもしろいと思いません。読む人におもしろいと思ってもらうためには、自分らしく書くことです。ありきたりで、**みんなが書いているのと同じようなことを書いても、読んだ人はおもしろいと思いません。**ほかの人が思いつかないようなこと、ほかの人が考えないようなことを書くと、読む人はおもしろいと思います。

ですから、まずは、作文の中に自分らしさを出すことを考えて作文を書きます。**自分の中にあるおもしろいアイデアをどのように「ホップ・ステップ・ジャンプ・着地」にして、みんなにおもしろさをわかってもらえるように書くかを考えてください。**

例に挙げた作文はとてもおもしろく書かれています。お母さんのあわてものぶりもおもしろいですし、卵を割ってしまうときの、「ガチャン」という音もおもしろさをきわだたせています。

注意点その❷　目に見えるように書く

作文というのは、読んでいる人に想像してもらい、書いている人と同じ体験をしてもらうものです。ところが、時々**まるであらすじのような作文を書く人がいます**。最初にこんなことが起こって、次にこんなことが起こった……というように並べてしまうのです。それではおもしろい作文にはなりません。

読んでいる人も、目に見えるように物事を想像し、一緒にハラハラしたり、ドキドキしたり、この後どうなるのだろうと不安になったりしてこそ、おもしろい作文になります。ですから、読んでいる人がそうなるように、前の章で学んだことを使って工夫する必要があります。

目の前にあることをわかりやすく説明したり、表現の工夫をしたりして、話を盛り上げていきます。そのためには、少しくわしく書くことを考えましょう。そっけなく書くのではなく、くわしく書くと、読んでいる人もありありと想像できます。

先ほど挙げた「あわてもの」の文章は、目に見えるように書かれています。とくに、賞味期限が一番長い奥の卵をとろうとして、割ってしまうところなど目に見えるようです。会話を使って、お母さんとのやり取りを書いているところも、話している様子が想像できます。

注意点その❸　絞る

先ほど、くわしく、目に見えるように書くと説明しましたが、だからといって、あれもこれもとよくばって書いたのでは、焦点が定まらなくなって、読む人は退屈してしまいます。それよりは、一番書きたいことに絞ってくわしく書きます。

いくつもの出来事があったとしても、**大事でないことはカットしてよい**のです。たとえば、ある朝のことを書くにしても、起きてからしたことを次々と書いても、読んでいる人はよくわかりません。大事なことの焦点を絞ってこそ、読んでいる人にその場面が伝わるのです。一番大事なことを残して、それ以外のことはさっと飛ばします。

いくつものことを書くよりは、一つのことをくわしく書くほうが、読む人はその状況を想像できますので、リアルに感じるのです。

たとえば、「私の弟はこわがりだ」ということを伝えたいとき、2、3行ずついくつものことを書くのではなく、どれほどこわがったか、そのとき、どんな様子だったのかなどをくわしく書いてこそ、リアルになります。

注意点その❹ 盛り上げるのはジャンプ

先ほどお話しした通り、作文はくわしく書いてこそ、読み手に伝わります。しかし、だからといって、初めからずっとくわしく書いたのでは、どこが山場なのかわからなくなります。

子どもたちの書く文章でよく見受けられる失敗は、ホップ・ステップの部分をくわしく書いて、肝心のジャンプの部分で息切れしてしまって、尻切れトンボで終わるタイプの作文です。

目に見えるようにくわしく書いて盛り上げるのはジャンプの部分です。メリハリをつけて、さらりとかわすところとくわしく書くところの差をつける必要があります。

ここぞと思うところをくわしく書いて、それ以外のところは少しあっさり書いてよいのです。そうしてこそ、ジャンプの部分が盛り上がります。

作文を書くときは、山場をどうやって盛り上げるか、盛り上げるために、どんなことを前もって読者に教えておくか、それを考えながら書きます。そうしたことを、ふだんから本を読んだりテレビ・アニメを見たりするときに考えておいて、他人の作品を参考にするとよいでしょう。

例として示した作文も、卵が割れるところを盛り上げています。とくに、「ガチャン！」という盛り上がりの音は盛り上がりの音に聞こえます。

注意点その❺　表現を工夫してみる

前章で説明した通り、言葉の使い方によって、目に見えるようになったり、おもしろくなったりします。ですから、作文ではあれこれと表現の工夫をしてみましょう。

前の章で説明したことのほか、**会話を加えるのもうまい方法です**。カギかっこを使って、会話を表現します。まるで本当に話しているように書いてみることもできます。

ただ注意が必要です。これについても、絞ることが大事です。際限なく会話を続けると、読んでいる人は退屈します。ここぞというところで、少しだけ会話を使うほうが効果的です。

また、例として示した「あわてもの」の作文も、「ぜーんぶわれました」「しつけされなかったのかなあー」というようなくだけた表現、「顔から火が出ました」などの表現の工夫が見られます。

注意点その❻ ドラマのテーマをまねてみる

作文には、訴えたい「テーマ」（つまり、言いたいこと）がないとおもしろくなりません。ドラマを見たり、本を読んだりして、人々が感動するのは、「人の命が大事だ」「愛情は大事だ」「このヒーローは人類を救った」というようなテーマがあるからです。テーマなしにあれこれを書いても、読んだ人には、「この人は何を言いたいんだろう」と首をかしげてしまいます。

ですが、子どもにとってテーマを意識するのは難しいことです。ですから、まずはテレビアニメやドラマをまねることから始めましょう。

たとえば、アニメやドラマをまねて、次のようなタッチで作文を書いてみることから始めてはどうでしょう。

㋑こわい話

読んでいる人をこわがらせます。おばけ、幽霊《ゆうれい》、怪獣などがどれほどこわかったかを書きます。実は、幽霊だと思ったのは勘違いだったというようなオチでもよいでしょう。

㋺いい話

誰にも知られていないのに、毎日善い行いをした話、友だち思いだったり、親孝行だったりする人の話を書きます。読んでいる人が、「なんと、この人は心の優しい人なんだ」と感じるように書きます。

㋩ かわいそうな話

運の悪い人、かわいそうな人がいます。そのような人の話を書きます。読んでいる人が、「かわいそう！」と思うように書きます。

㊁ 笑える話

バラエティ番組やコメディ・アニメなどで、笑える話がなされています。それと同じような、読んでいる人が笑い出したくなるような話をします。ただ、気をつけてください。笑わせるのはとても難しいことです。たとえば、日常生活ではちょっとした悪ふざけをすれば、周囲の人は笑ってくれることが多いのですが、文章ではそうはいきません。センスと練習が必要です。例として示した「あわてもの」の話は、このタイプです。

㋭ 腹の立った話

世の中には腹の立つことがたくさんあります。そのような話を書きます。読んでいる人にも伝わって、一緒に腹の立つ思いがするように書くのが理想です。

㋬不思議だった話

宇宙人が現れた話、過去や未来に行く話などでもいいでしょう。不思議なことが起こる話です。読んでいる人が不思議な気持ちになって最後まで読みたくなるようにします。

ただ、あまりに不思議なことが続くと、読んでいる人はわけがわからなくなってきます。不思議なことがたくさん起こるにしても、「本当らしく」書くことが大事です。読んでいる人に、「いくらなんでもそんなことは起こらないだろう」と思われてしまうと、おもしろくない作文になってしまいます。

㋣かっこいい話

ヒーローのかっこいい話を書きます。ヒーローが世界を救う話を書いてもいいのですが、そのためにはかなりの字数が必要です。短い字数で書くには、**やさしい人がい**

じめられている人や動物を助けた話、かっこいい人が現れて、いやな人を懲らしめた話などが書きやすいでしょう。

子どもが空想作文を書きたくなる話のもっていき方

小学校低学年の子どもの場合、いきなり「書きなさい」と言っても書けるものではありません。家庭でお子さんに作文を書かせる場合、まずは口頭でどんなことを書くのかを話させてみます。

まずは題材選びです。まずはお子さんの好きな分野の話を作ってみるように勧めます。

子どもたちにもっとも親しみやすいのは、「こわい話」です。ですから、こわい話を作って、誰かをこわがらせるように子どもを促します。

「お父さんをこわがらせよう」

などと話を向けるといいでしょう。

お子さんがこわい話をいやがるときには、

「もし、あなたが……ならどうする？」

と話を向けてみます。

「もし、犬だったら」「もし、鳥だったら」「もし、宇宙人だったら」「もし、おばけだったら」「もし、草だったら」「もし、サッカーボールだったら」などと話を向けます。

そのとき、保護者の方が、「もし、……だったら私ならこうする」という話をするといいでしょう。それに触発されて、想像が働きます。

もちろん、支離滅裂な話になることもあるでしょう。まとまりがないこともあるでしょう。そんなときには大人が、

「その後、どうなったの？」

「その人は、そのあと何をするの？」

などと話を促します。そして、「ホップ・ステップ・ジャンプ・着地」を頭に置きながら、

お子さんの話を整理していきます。

その話がとてもおもしろいとほめることが大事です。

「とてもおもしろい」

「おじいちゃんにも読んでほしいので、字に書いてごらん」

などと話を向けるといいでしょう。そうすると、喜んで書くことでしょう。書いた後も、繰り返しほめます。

学校での話をしたがるときは、「書く」チャンス

学校での話を子どもが自分からし始めることがあります。先生の話、友だちの話などです。

そんな場合はシメたものです。子どもは話をしたがっているのですから、作文を書かせるチャンスです。

子どもの話をまずしっかりと聞きます。

「つまり、どういうこと？」

「へえ、すごいねえ。で、どうしたの？」

「わあ、そんなことがあったの」

などと感心しながら耳を傾けると、子どもは先を話します。そして、「その話、とてもおもしろいから、作文に書いてみたら？」と勧めます。

もちろん、ホップ・ステップ・ジャンプ・着地に合わせて、どのようなことを書くのかを話をさせてみます。「おもしろい、おもしろい」などとほめたり、質問をして書く内容を増やさせたりします。

ただ、注意してほしいのは、学校での出来事を書く場合、どうしても「楽屋オチ」のようになってしまって、登場人物のキャラクターや周囲の状況を知っていないと、読んでいる人にはまったく理解できなかったり、まったくおもしろくなかったりすることです。それを理解したうえで、状況を知らない人にもわかるように書くように促す必要があります。

が、いずれにせよ、書きたい気持ちを持つことが大事ですので、この機会を利用して書きたい気持ちを維持させることを重視するべきです。

クイズ問題で学ぶ四部構成

ホップ・ステップ・ジャンプ・着地を身につけることが大事です。それが一度身につけば、自在に作文を書けるようになります。

多くのアニメやドラマ、漫画なども、起承転結、すなわちホップ・ステップ・ジャンプ・着地になっているはずです。アニメを見た後、「この部分がホップだったね。その後が、ステップだよね」などと確認すると、理解が深まるでしょう。

また、次のようなクイズ問題を出して、順番を入れ替えて、ホップ・ステップ・ジャンプ・着地を頭に入れるといいでしょう。

問題

次の話を、「ホップ・ステップ・ジャンプ・着地」の順番になおしなさい。

ⓐ キャンプ場のすぐ近くに牧場《ぼくじょう》があって、そこには牛や馬がいました。

ⓑ 牛と目が合ったのですが、その後、ずっとその牛が私たち家族の後をついてきました。

ⓒ 家族みんなでキャンプに行くことにしました。

ⓓ 駐車場《ちゅうしゃじょう》のところまで逃《に》げてきて、やっと牛はどこかに行きました。

解答例

ⓒ↓ⓐ↓ⓑ↓ⓓ

はじめて書く空想作文は昔話のパロディでいい

前にも説明しましたが、はじめのうちは〝パクリ〟でもいいのです。

私の息子が小学校低学年の頃、急に「物語を書く」と言い出して最初に書いた話は「柿太郎」でした。

「桃太郎」とそっくりな話です。柿から生まれて動物を家来にして鬼退治をします。ただ、細かいところは「桃太郎」と違います。オリジナリティはないのですが、自分の好きな動物、好きな場所が出てきます。

しかし、それで十分に想像力を働かせ、書く楽しみを見つけ出すことができます。そして、そのような〝パクリ〟ですと、かなり長い物語になりますので、書いた本人も達成感を得られます。

もちろんいつまでも〝パクリ〟では困りますので、徐々にオリジナルの話を書くように仕向けます。

また、字数もはじめは無理のないように２００字程度でよいのですが、だんだんとのばして、４００字、６００字、そして８００字くらい書けるようにするといいでしょう。

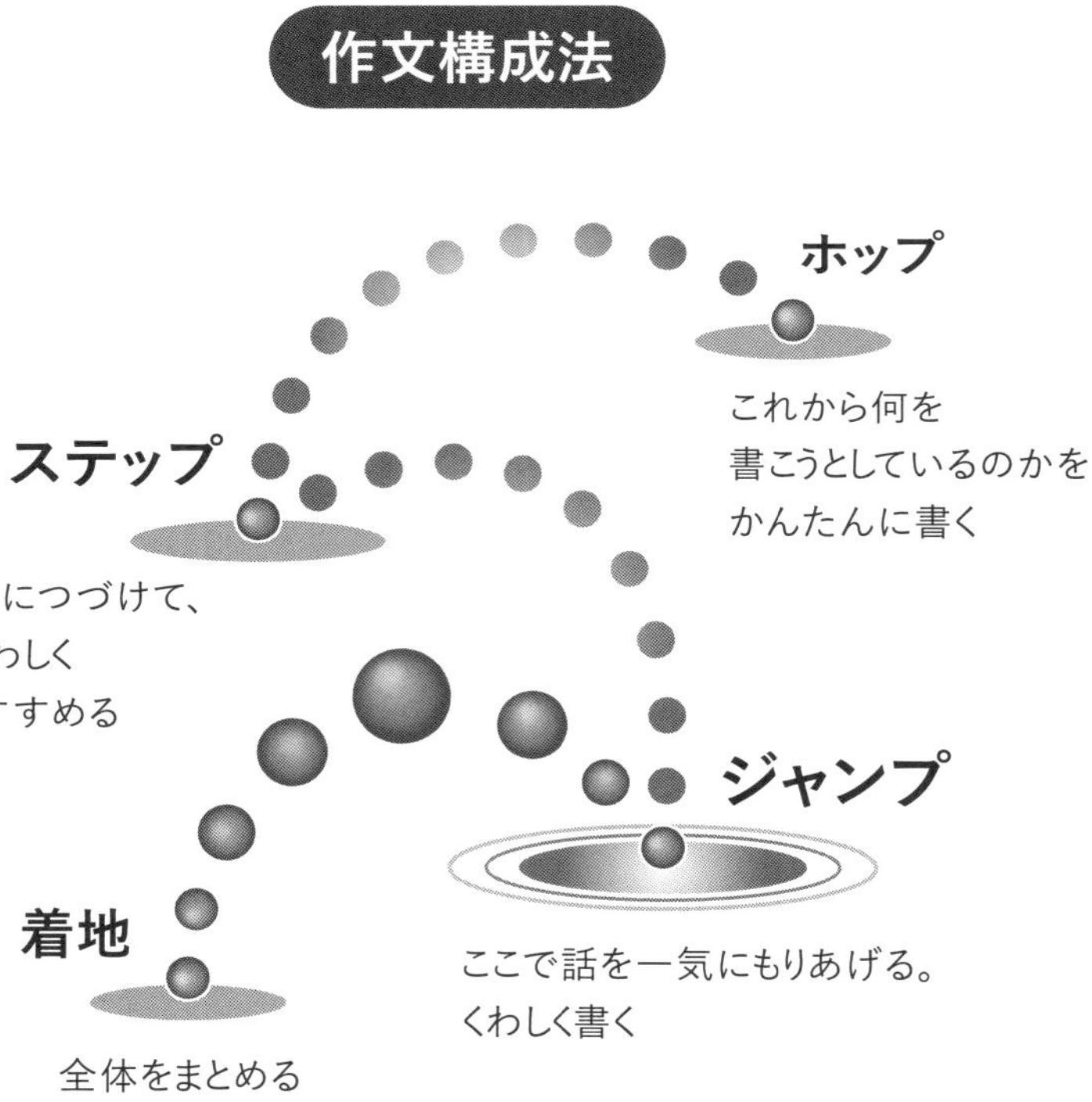
作文構成法
ホップ
これから何を
書こうとしているのかを
かんたんに書く
ステップ
ホップにつづけて、
よりくわしく
話をすすめる
ジャンプ
ここで話を一気にもりあげる。
くわしく書く
着地
全体をまとめる

第4章

こうすれば、どんなテーマでもすらすら書ける

――「想像」を発信して、「知識」「体験」を活用する

高評価を得るポイントは「知識」と「体験」の活用

作文の原動力になるのは、これまでに説明してきた通り、空想作文です。空想作文こそが、多くの子どもたちが喜んで書き、発信力を伸ばすためのエンジンになります。

白藍塾で学習したお子さんからは、

「学校の作文もすらすら書けるようになった」

「クラスの代表として学級通信で紹介された」

というように、空想作文で培った発信力を自然に生かして、学校で書く作文でも高い評価をもらったとの声を多くいただきます。

しかし、一方で、次のような声もありました。

「白藍塾ではいつもほめてもらい高い評価をもらうのだが、学校で書く作文ではなかなかよい評価をしてもらえない」

子どもたちが空想作文を書くときに無意識にやっていたことが、学校で書く作文には応用できていないお子さんも少なからずいました。

無意識にやっていたこと、それがこれから説明する「知識」と「体験」の活用です。

子どもたちの空想物語には、自分が楽しんだ本やアニメ、ドラマなどから着想を得ているものが多くあります。いつかどこかで誰かから仕入れたおもしろい話を、そっくりいただいている場合もあります。これらは話をおもしろくしようと、手持ちの「知識」を活用して書いているのです。

知識ではなく「体験」をうまく活用して書いているものもあります。体験を活用することで物語を個性的に展開できますし、過去の出来事を自己省察して、おかしさや悲しさ、時には教訓などを導き出して、物語のテーマやキャラクターづくりに活かしています。

私たちは、子どもたちが空想作文を書くときに、無意識に行っている「活用」というテクニックを意識化させるような指導ができれば、子どもたちはそこで身につけた力を様々な作文で応用できると考えました。

そこで私たち白藍塾は、空想作文を書く中で「知識」「体験」の活用を意識的に行う作文講座を作り上げました。

空想作文を楽しみながら書くことで自ずと身につく発信力とともに「知識」「体験」の活用力を身につければ、どんなお題の作文にも柔軟に対応できるようになり、ひいては教育改革で唱えられる未来型の学力にも結びつくと考えたのです。

なかなか書けない子の想像力を引き出すにはこの手

本書で繰り返し説明しているように、作文はおもしろく書くことが重要です。そのため空想作文を書くことを勧めているわけですが、この空想作文の素《もと》となる「想像」を発信できるように、作文の状況設定が重要になってきます。

想像力を存分に発揮するには、ファンタジーやSFを書くのが最適です。

魔法の道具、魔法使い、おばけ、幽霊、怪獣、宇宙人、タイムマシンなどがキーワードです。

また、動物が言葉を話せる物語も子どもたちは喜びます。これらの状況を設定すると、子どもたちは喜んで空想し、それを言葉にしようとします。**想像力が乏しいと思われていた子どもでも、状況設定をうまく与えれば、なんとか書き上げます。**これまでに見たことのあるアニメなどを思い出して、それに似た物語を作り、それを喜んで書きます。

一つ例文を挙げましょう。「魔法を使った物語を自由に書きなさい」というお題で書いた小学4年生の作文です。書き方は「ホップ・ステップ・ジャンプ・着地」の基本構成に従ってまとめられています。

やきそばミイラ

「今日の天気は晴れのちやきそばとなるでしょう。」

ま女の私は小さくガッツポーズをした。ココロ町ではお祭がある。それが今日だ。やきそばをふらせようとしているのは私。ただやきそばを食べたいだけだ。私は友達のココといっしょに行く事になっている。

四時。ゆかたを着てうちわを持って私は出かけた。やきそばがいつふるのかうきうきしていた。やきそば屋のおじさんは天気予ほう見たかな。私がジュースを飲んでいたときだ。トン。ペットボトルに何かが当たった。よく見ると茶色い細い物体。やきそばだ。やった！　ポツポツドンドン。ふり始めると止まらない。

どんどんふってきた。みんなの頭に？がうかんだ。みんなはやきそばだと気づくと夢中で食べた。

十分後。「あっ」私はさけんだ。みんなミイラになっていた。やきそばミイラだ。私はやきそばミイラにならないようにねんじた。たいへんだ！　ココが分からない。仕方がない。私は持っていたうちわをきょ大うちわにした。わっ持てない。重い。私は「うかべ」と言った。うかんだ。私は「あおいでやきそばをふっとばせ」と言った。「晴れろ！」もう一度まほうをかけた。そのとき、ビュンビュン。やきそばがふっとび晴れた。「ココ、出てこい」目の前を見るとココがいた。

次の日のニュースでニュースキャスターが言った。

「昨日ココロ町でやきそばがふりました。その後しょう体不明のきょ大うちわが現れました。そして消えました。ゆくえが分かったらびっくり放そう局にお申し出ください。」


とにかく伸び伸びと想像力を発揮し、楽しんで書いているのがおわかりかと思います。空想作文であれば、基本構成を教えて、数回添削をすれば、皆がこのように読み手を楽しませる内容を書けるようになります。

現在ではいろいろな作文指導で使われていると思いますが、**「わたしは（ぼくは）……です」**という空想作文の初歩的なテーマがあります。

「わたしは犬です」

「わたしはちょうちょです」

「わたしはつくえです」

「わたしは空にうかぶくもです」

と、様々な立場になった気分で作文を書けます。これなども、想像を楽しみながら文章をつづることができるうまい状況設定と言えるでしょう。

私たちの白藍塾でも同じような空想作文を書いてもらいます。私たちは、作文を書く前に、短いファンタジーやSF、怪談などの短い物語を子どもたちに読んでもらうことにしています。そのうえで、その物語の理解を深めたり、楽しんだり、想像をかきたてたりする問題をいくつか出します。そうして、準備をしてから、子どもたちに空想作文を書いてもらいます。読んでもらった物語と少し似た設定で書いてもらうなど、書きやすくしている場合もあります。

「知識」を活用するねらいとは

小学生の間は次々と知識を吸収していく時期です。もちろん、大人があれこれと手を尽くさなくても、子どもたちは自分でどんどん知識を増やしていきます。しかし、せっかくですから、作文を勉強するときにも、知識を増やす手伝いをして、作文に知識を活用するように促したいものです。

文章を書くことは、知識を定着させるもっともよい手段です。

たとえば、ある言葉の意味を理解するには、その言葉を入れた短文を書いてみるのが有効です。同様に、あらゆる知識も、実際に文章を書くことによって、自分のものになり、やがてはその知識を活用できるようになります。

私たちの作文教室では、初めに物語を読んでもらいます。そこにいろいろな知識を仕込んでおきます。そして、その知識を活用して子どもたちが作文を書くように促します。

たとえば、鳥の中にも草食のものもいれば、肉食のものもいます。そのような事柄を扱った物語を読んでもらった後に、その知識を用いて別の作文を書いてみるように促します。

もしかすると、読んでもらった物語とそっくり同じような作文になるかもしれません。それでもよいのです。そうすることによって、知識が身につきますし、作文力も確実に上がっていきます。もちろん、真似をするのではなく、そこにオリジナルなものを加えて、いっそう自分らしい文章を書けば、それはまた素晴らしいことです。

「話のつじつまが合わない」「説得力がない」は知識のなさが原因

知識がないために、リアリティを作れない子どももいます。

宇宙について書いても、あまりに宇宙に関する知識がないために、読んでいる人がまったく映像を思い浮かべることができなかったり、矛盾したりします。

高学年になってくると、「コナン」などに刺激されて、ミステリーを書こうとする子どももいますが、社会の仕組みを知らないために、刑事と私立探偵の区別がついていなかったり、証拠と言えないような証拠が物語の切り札になっていたりします。

次の作文を読んでみてください。これは、「わたしは（ぼくは）……です」という問題に対して、「わたしは金魚です」というテーマで書かれた小学3年生の作文です。


ぼくは金魚です。まっかなふうせんみたいな金魚です。なまえはあかです。

ふだんは、たまがわでおよいでいます。友だちはくろくんです。まいにちしあわせにくらしていました。

でもあるときスズメがやってきて、くろくんをたべようとしました。くろくんは「たすけてー」と耳がいたくなるほどさけびました。ちょうどたまがわをさんぽしていたかおるちゃんがそのこえに気づきました。かおるちゃんは小学三年生の女の子です。

「まてー。はなしてあげてー」とかおるちゃんはスズメをおいかけました。

スズメはしばらくにげていましたが、めんどうになってくろくんをはなしました。

くろくんはたまがわにもどりました。

それから、ぼくとくろくんとかおるちゃんはなかよしになりました。

これは小学3年生の作文としてはとてもよいと思います。ですが、細かいところでリアリティ不足です。金魚が川で泳いでいるというのも不自然ですし、スズメは穀物などを食べる鳥ですので、金魚を襲うとは考えられません。金魚が叫ぶのですが、どのように叫ぶのでしょう。そもそも、そこにかおるちゃんが一人で散歩していたのでしょうか。

小学校低学年のうちはこのような作文でもいいのですが、高学年になるにしたがって、だんだんにリアリティが求められます。リアリティがないと、読んでいる人はそれを本当のこととは感じることができず、文章全体のストーリーを素直に追うことができなくなってしまいます。もちろん、リアリティにこだわりすぎると、子どもらしい突飛な空想ができなくなってしまいますが、それも大人になって説得力のある文章が書けるようになるための段階と考えるべきです。

リアリティを持たせるために必要なのが、知識です。自然や社会、人間についての知識があってこそ、つじつまの合う話になり、多くの人を納得させることができます。

先に挙げた作文も、知識を得て、次のように変えるだけで、十分にリアリティを持ちます。

ぼくは金魚です。まっかなふうせんみたいな金魚です。なまえはあかです。ふだんは、小学三年生のかおるちゃんの家の庭にある小さな池でおよいでいます。友だちはくろくんです。まいにちしあわせにくらしていました。

でもあるときかおるちゃんの家で飼っているオウムが窓から逃げ出して、くろくんをたべようとしました。くろくんはからだぜんたいでばたばたさせて、「たすけてー」という気持ちをあらわしました。逃げ出したオウムをさがしていたかおるちゃんがそのようすに気づきました。

「はなしてあげてー」とかおるちゃんはオウムによびかけました。オウムはおとなしくかおるちゃんのいうことをききました。くろくんはぶじにぼくたちの池にもどりました。

それから、ぼくとくろくんとかおるちゃんになかよしになりました。

このように、知識が増えることによってリアリティが増します。

知識を増やし、それを作文の中に使うことによって、作文のリアリティが増し、説得力が高まります。しかも、作文を書く際に「事実を踏まえる」という条件が加わりますので、いっそう作文の筋も練り込まれて高度になっていくのです。

なお、この作文も、もう少し高学年になって書くとすれば、「オウムは人の言葉を真似る、いわゆるオウム返しをする特性がある」「金魚は縁日などの遊びでもらって、そのまま放っておかれることが多い」などという知識を加えて、もっと複雑で、もっと個性的なストーリーにすることもできるでしょう。金魚との交流によって、かおるちゃんという人間の子どもが成長していく物語にすることもできます。

知識が増えれば増えるほど、作文はリアリティが増し、テーマも深まっていきます。そして、子どもたちは作文を豊かにするためにも、知識を貪欲に取り込んでいこうとするのです。

ただし、知識を盛り込んで話の流れが逸《そ》れないように、注意を配る必要があります。せっかく身につけた知識を披露しようとして、無理やりの展開になったり、不自然になったりします。

しかし、そうなるのもよい作文を書く一つの過程と考えてよいでしょう。作文を書きなれるうち、**つじつまが合うように、上手に知識を取り込むようにと考えられるようになって論理的思考力も身についていき、優れた作文が書けるようになっていきます。**

子どもたちに伝えたい「教養」

知識を活用する作文を教えようと思った私たちのねらいは、実はもう一つあります。作文を通して、教養としての知識を今の子どもたちにも伝えたいと思うのです。

少し前まで、日本人であれば必ず知っておくべき知識のようなものがありました。宮本武蔵などの剣豪、「カチカチ山」などの昔話、有名な落語など、誰もが知っている常識でした。

いえ、日本特有のものでなくても同じです。少し前の大人であれば、バッハ、モーツァルト、ベートーベン、シューベルト、ダ・ヴィンチ、ゴッホ、ルノワール、ガリレオ、ナポレオンなどの名前を知っていました。歴史の勉強としてではなく、物語として、そして当然の教養として知っていたのです。私は、その昔、漫画月刊誌や漫画週刊誌、紙芝居やテレビなどでいろいろの知識を仕入れた記憶があります。

ところが、だんだんと大人の文化は子どもに継承されなくなっています。アニメやゲームなどの子どもの文化が力を増してきたのがその原因でしょう。大人の文化と子どもの文化の間に大きな断絶が起こり、子どもの文化はだんだんと幼稚化しているように、大人の目からは見えます。もう少し子どもたちが大人の文化を覗き見て、それを継承していくべきだと私は考えます。そうすることで、大人の文化を知り、視野を広げ、成長していくのです。

そのような意味で、私が塾長を務める白藍塾では、意識的に落語を子ども向けにわかりやすくリライトしたものや偉人の伝記などを子どもたちに読んでもらって、それを参考にして作文を書くような問題を作っています。そして、そのような知識を自分なりに活用して、もっと奥の深い、実際の出来事に即した作文が書けるようになります。

「知識を活用する力」を伸ばす題材

前にも説明した通り、私たちは子どもたちに知識を与え、それを活用して作文を書いてもらえるようにしています。知識を活用する作文を練習するときには、たとえば発明王エジソンの伝記をわかりやすくリライトしたものなど短いストーリーを読んでもらいます。

このようにして、偉人の生き方、世界の歴史、昔の考え方、現在の社会問題などに目を向けさせ、知識を与えます。

体系的な知識でなくてよいのです。そのようなことは学校で学びます。おもしろそうなことのつまみ食いでよいと思っています。子どもたちの関心をひき、自分でそれ以外の事柄にも目を向けるように仕向けます。

また、テレビドラマや学校の勉強でそれに類することをふと耳にしたとき、「あ、あのことだ」とわかるだけでも大きな意味があると思うのです。

そのようなストーリーを読んでもらって、それを定着させるために、いくつかのトレーニング問題を出します。エジソンに対して周囲の人はどう思ったのかなどのいくつかの問題について短い字数で答えてもらいます。

そして、その後、長めの字数で、文中にあったエジソンの考え方、生き方、工夫の仕方などを参考にして、「どんなものを発明したいか」を書いてもらうのです。自分の発明したいもの、それがどんな機能を持っているか、どう工夫するかを自分で書いてもらいます。その中に自分のアイデア、独創性を入れてほしいのです。

このようにして、知識を増やし、それを活用していく力をつけていくのが、私たちの作文教室の目指すところです。そのような方針にしたがって、私たちの講師は子どもたちの作文を添削し、知識をどのように活用しているか、どのように工夫したらもっとよい作文になるかを指導していきます。そして、子どもたちが本質的な力をつける手助けをします。

問題

「わたしは（ぼくは）クジラです」という題で、400字以上の作文を書いてみましょう。

活用のヒント（知識）

- クジラについて知っていることをノートにメモしましょう。
- クジラについて調べてみましょう。どんな種類のクジラがいるか、大きさはどのくらいか、何を食べるか、人とのかかわりなど、なんでもよいので、自分が興味をもったことをノートにメモしましょう。

構成のヒント

ホップ　これから何を書こうとしているかを簡単に予告します。

ステップ　だいたいの状況を説明します。ふだんどんなことをするか、どんな生活をしているかを書きましょう。

ジャンプ　事件や出来事をできるだけ具体的に、おもしろく書いてください。

着地　話をまとめてください。場合によってはオチをつけてもよいでしょう。

書くときの手順

❶ 活用のヒントにしたがい、まずはメモをとりましょう。

❷ ❶のメモからおもしろい話ができないかを考えます。

❸ ❶❷を行ったら、構成のヒントにしたがい、作文を書きましょう。

「体験」を活用するねらいとは

知識とともに大事なのが、体験です。言うまでもないことですが、作文は体験が反映します。体験の乏しい子どもは作文を書くことができません。書くための材料がないからです。子どもにいろいろな体験を積ませるのは大事なことです。

しかし、それ以上に大事なのは、**体験を見る目**です。

同じ体験をしても、それについて何も考えずにいると、すべての体験は通り過ぎてしまいます。しかし、その体験の意味を考えたり、自分の体験を振り返ったりして、徐々に体験は豊かなものになっていきます。そして、自分の体験を相対化し、自分を客観的に見ることができるようになるのです。

「楽しかったです」「よかったです」で終わる作文にしないために

たとえば、**多くの子どもに作文を書いてもらうと、どうしてもきれいごとを書いてしまいます**。しかし、そうすると、上《うわ》っ面《つら》の個性のない文章になります。しっかりと自分を見つめることもなく、社会を見つめているわけでもないからです。

自分の中の悪い心、ちょっとした怠け心なども認めたうえでしっかりと考えてこそ、本当に説得力のある作文になります。

まずは次の文章を読んでみてください。

うんどうかいがありました。三年生はよさこいをおどりました。

うんどうかいの三日前、木村先生がみんなにいいました。

「ほんばんがあさってなのにぜんぜんあっていないじゃないか!! もうよさこいをお

どるのはあきらめて、きょうしつにもどるか？」

みんなだまって下をむいていました。わたしもみんなと同じように下をむいていました。

それから木村先生が「あと一回だけチャンスをあげます。がんばれ」といいました。だからみんなしんけんにやりました。そうしたら前よりはよくできていたみたいです。「やればできるじゃないか。ほんばんもそのちょうしでな」と木村先生はいいました。

ほんばんの日。

おひるをたべたあと、一年生のかけっこの次にわたしたち三年生のよさこいがはじまりました。わたしは元気いっぱいおどれました。前の日までおどれなかった、さいごのさびのところもうまくおどれました。

たいじょうするとき、みんながえがおではくしゅをしてくれました。木村先生もえがおだったのでよかったとおもいました。

これも小学校3年生の文章です。とてもよく書けていますが、これだけでは書いた子どもの気持ちが伝わってきません。やはり、この文章にもリアリティが不足しているのです。

この文章には、そのとき、自分がどのように思ったのか、どのような様子だったのかがきちんと書かれておらず、表面的ないい子の意見で終わっているのです。

そのときどう思ったのかという体験をもう少ししっかりと思い出して、それを言葉にすると、文章は生き生きとしてきます。

たとえば、木村先生に叱られたとき、ほかの人たちはどのような態度だったのでしょう。「わたし」はどう思ったのでしょう。一人一人別の思いで下を向いたのかもしれません。本番の日も、「わたし」は何を考えたのでしょう。踊ったとき、どんなことを考えたでしょう。

「いい子」の意見である必要はありません。そのときに思ったことを子どもに思い出させてみます。自分の体験を見つめなおすのは大事なことです。

前に書いた文章に対して、もう少し自分の体験を思い出して書いてみるように指導したあとで書いてもらったのが、以下の文章です。

うんどうかいがありました。三年生はよさこいをおどりました。

うんどうかいの三日前、木村先生がみんなにいいました。

「ほんばんがあさってなのにぜんぜんあっていないじゃないか‼　もうよさこいをおどるのはあきらめて、きょうしつにもどるか？」

カミナリが落ちたときのように、みんなはだまって下をむいていました。わたしもみんなと同じように下をむきました。でも、わたしは先生がこわかったから下をむいたのではありません。四じかん目だったのでおなかがペコペコでよさこいのれんしゅうに集中できませんでした。はっきりいうとさぼっていたのです。さぼったことが顔に書いてあるのを先生にみつからないように下にむいていただけでした。

それから木村先生が「あと一回だけチャンスをあげます。がんばれ」といいました。だからみんなしんけんにやりました。そうしたら前よりはよくできていたみたいです。「やればできるじゃないか。ほんばんもそのちょうしでな」と木村先生はいいました。

ほんばんの日。

おひるをたべたあと、一年生のかけっこの次にわたしたち三年生のよさこいがはじまりました。わたしは元気いっぱいおどれました。おひるにはお母さんの作ってくれたおべんとうと大好物のいちごをたくさん食べたのでそれがパワーになったのだと思います。前の日までおどれなかった、さいごのさびのところもうまくおどれました。たいじょうするとき、みんながえがおではくしゅをしてくれました。木村先生もえがおでした。わたしがお腹ペコペコでれんしゅうをさぼっていたことには気がついていない様子でした。やれやれ、ばれなくてよかったです。

みんなが驚いて下を向いた様子、サボったことがばれやしないかとひやひやしながらうつむいた気持ち、踊れたときの喜び、ばれなかったことに対する安心した気持ちなどが初々《ういうい》しく書かれて個性的な作文になっています。

作文が生き生きとしてきたことがわかるでしょう。自分の中の怠け心を書くことによってリアリティが増します。実際に、多くの子どもがこの作文の作者と同じような気持ちでしょう。誰もがリアリティのない空疎なきれいごとを心から考えているわけではないでしょう。そのようなちょっとした悪い心があるからこそ、その中から出てきた「よい心」も説得力を持つのです。

このように、自分の体験をしっかりと考え、自分の心を見つめ、それを文章にするのはとても大事なことなのです。

体験をありのまま書いても、考える力は育たない

とはいえ、子どもたちにはあまり体験はありません。生きてきた時間も長くありませんし、ほとんど同じような日常を繰り返していますので、ハッとするような体験もありません。そこで、おもしろい作文を書くために、活用する体験を脚色することも大いにやってほしいと思います。

こういうことを言うと「子どもに嘘のつき方を教えるのか」と目くじらを立てる人がいますが、それは作文を道徳教育としてしかとらえていない証拠です。

作文は、筋道を考えながら文章を組み立てていき、しかも読み手を楽しませる工夫をする、とても知的な作業です。総合学力を伸ばすトレーニングととらえてください。そのねらいからすれば、体験したことを脚色する、語弊があるのを承知で言えば、うまく嘘をつくことも、おもしろい作文を書くためには意義あることでしょう。

たとえば、先に紹介した運動会の作文で、ラストを「やれやれ、ばれなくてよかったです」と結んでいます。本当にそのときにそのように思わなくても、このように結ぶことで、前の段に書いた「さぼったことがばれやしないかとヒヤヒヤした気持ち」との流れを読み取れます。また書き手の茶目っ気ぶりが伝わり、魅力を感じます。

このように、読み手を楽しませるために、体験をありのままに書くことに縛られず、気楽に、ご都合主義で、体験を脚色してほしいと思います。

ときには、疑似体験を活用することも大いに推奨しています。自分の体験をありのままに書こうとするのではなく、他人から聞いた話、テレビや映画で見たこと、物語の中で読んだこと、ゲームの中で感じたことなどもどしどし作文の中に取り込み、自らの体験の一部として活用するのもよいでしょう。

体験を活用することで、身の回りの出来事の意味やそこでの自分の役割などを見直すことができます。現実を見つめ直すこともできます。

体験の活用を意識しながら作文を書くことで、自分の日常を顧みて、自分自身の体験を見る目が育ちます。

そうすると、学校で行事作文を書く際にも、事実を並べて最後に「楽しかったです」と結ぶしかないありきたりな内容に陥らず、一歩抜きんでたおもしろい作文を書けるようになるはずです。

「コンピテンシー」を育む書き方
――「運動会」の作文が見違える

近年、大学や企業で「コンピテンシー」という言葉がよく使われます。コンピテンシーとは、人事面で優秀な業績を上げる人間の行動スタイルのことを言います。

つまり、学力があるという視点ではなく、コミュニケーション力、行動力、リーダーシップなどの視点での人物評価基準と考えてよいでしょう。**近年では、大学でも企業でも、学力だけでなく、コンピテンシーの能力を評価しようとする傾向があります。**

文部科学省で、「生きる力」が重視されていますが、それも同じ流れといえるでしょう。勉強ができるだけで何もできず、人と話をしても行動しても魅力的でなく、人を動かすことのできない人は、社会に貢献できません。そのような人間ではなく、現実社会で生きることのできる人間を重視しようという方向に社会は動いています。それにともなって、学校での評価も変わりつつあります。

自分の体験を活用する作文は、そうした力をつけることにつながります。作文には自分の経験や生き方が反映されます。作文を書くことによって、自分の経験を見直し、それを見つめ、体験をいっそう深めることができるのです。

しかも、書くことによって、自分の心を見つめることができます。自分が本当はきれいな心を持っているわけではないこと、醜い心、妬《ねた》みの気持ち、暴力的な衝動を持っていることを認識します。同時に、とてもきれいな心を持っていることにも気づきます。自分がどのようなものが好きなのか、ほかの人とどのように違うのかも意識するようになります。

要するに自己省察ができるようになるのです。そうすることで、他人の心を類推することができるようになり、コミュニケーション力を持つようになります。

問題

「運動会」という題で400字以上の作文を書いてみましょう。すべて本当のことを書かなくてもかまいません。おもしろい作文を書くことを心がけましょう。

活用のヒント（体験）

- 運動会でよかったこと、嫌だったことを思い出し、ノートにメモしましょう。それぞれなぜ良かったのか、嫌だったのかの理由も書けたら書きましょう。
- 運動会の競技以外のこと、練習や昼食の時間などで、良かったこと、嫌だったことを思い出し、ノートにメモしましょう。それぞれなぜ良かったのか、嫌だったのかの理由も書けたら書きましょう。
- 親や兄弟に運動会の思い出を尋ねて、おもしろい話があったら、ノートにメモしましょう。

構成のヒント

ホップ 運動会の何について書こうとしているかを簡単に予告します。運動会のすべてを書くのではなく、運動会で起こったある出来事や、ある一つの競技にしぼります。

ステップ だいたいの状況を説明します。どんなことが起こったのかを書きましょう。

ジャンプ 一番盛り上がる部分を書きます。具体的に、おもしろく書いてください。

着地 話をまとめてください。場合によってはオチをつけてもよいでしょう。

書くときの手順

❶ 活用のヒントにしたがい、まずはメモをとりましょう。

❷ ❶のメモからおもしろい話ができないかを考えます。

❸ ❶❷を行ったら、構成のヒントにしたがい、作文を書きましょう。

3つのフィールドを意識しながら作文を書く

以上のようなねらいのもと、私たちの小学生作文教室では、「想像」「知識」「経験」を意識した作文課題に取り組んでもらいます。

「想像」「知識」「経験」を意識しながら野原を駆け回るように楽しく作文を書いてほしいとの思いを込めて、「想像」「知識」「経験」をフィールド（分野）と呼んでいます。

3つのフィールドに分けて作文を学習することによって、子どもたちはマンネリ感から脱することができ、そうでありながら、それぞれのフィールドで知らず知らずのうちに力をつけていきます。

そして、楽しんでいるうちに、想像力が高まり、知識も増え、知識を活用できるようになり、体験を言葉で説明できるようになり、体験を深く考察できるようになるのです。

しかも、それをするうちに、語彙も増え、表現力も豊かになり、思索力も増していきます。そして、何よりも作文を書くこと、文章を書くことが好きになるのです。

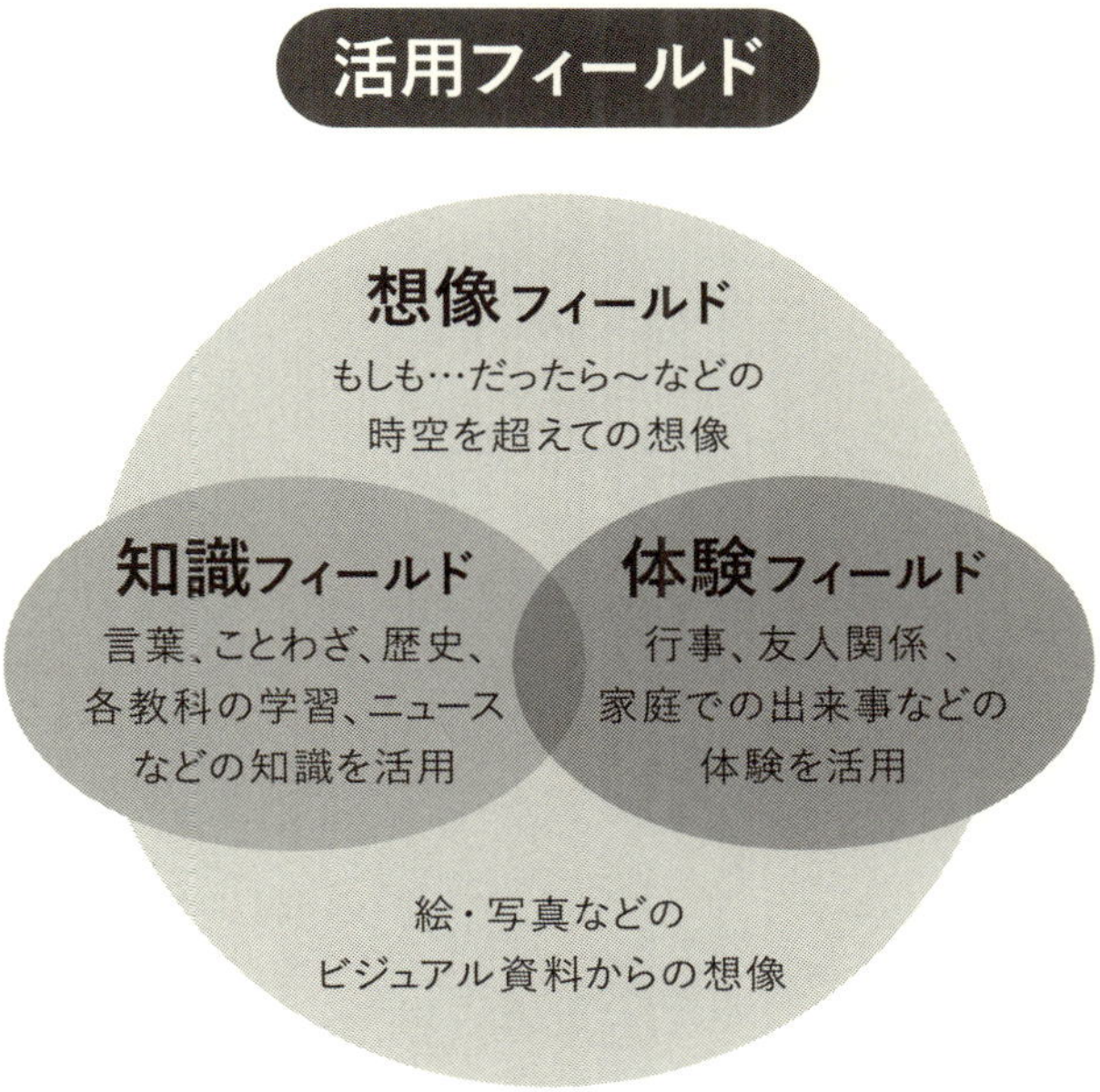

第5章

「作文力」をさらに伸ばす読書感想文、小論文の攻略法

――学校では教えない「必勝パターン」

「知識」「体験」の活用で、ハイレベルな読書感想文、小論文に

「知識」「体験」を活用する作文の練習を積めば、どんなテーマでもスラスラ書ける作文対応力が身につきます。

読書感想文、小論文という空想作文とは別ジャンルの作文でもそれぞれの基本の書き方を覚えればそれが叶《かな》います。

読書感想文は、小学校では夏休みの宿題の定番になっています。これだけポピュラーな作文ですが、書き方の指導はあまりなされていないようで、夏が近づくと白藍塾にも問い合わせが多くあります。数年前より夏休み限定で講座を開いていますが、大変喜ばれています。**読書感想文では主として「体験」の活用でより優れた内容にできます。**

小論文は、大学入試では年々重要度の増している試験科目になっています。現在、慶應義塾大学などの私立大学、様々な国立大学の一般入試や推薦入試、AO入試など

で小論文が取り入れられています。大学入試改革以降は、今まで以上に小論文が重視されるであろうことが予測されています。近年は高校入試、中学入試でも出題されることが増えてきました。

小学校低学年には少し早いですが、5年生の後半あたりから小論文を少しかじってみるのは将来のためにもよいことです。白藍塾でも5年生を対象に小論文のお試し講座を秋以降に開講しています。**小論文では「知識」の活用が大いに役立ちます。**

読書感想文の書き方

多くの学校で、夏休みなどに課題図書が与えられ、読書感想文の宿題が出されているでしょう。そして、書き方をきちんと教えてもらえないまま何となく書いているお子さんが多いことでしょう。

そのために、**ストーリーばかりを長々と説明して、最後に「おもしろかったです」**

とつけ加えたり、ストーリーとは関係なしに、自分の感想や思いを自分勝手に展開して意味不明な文章を書いたりしただけの感想文をよく見かけます。しかし、そのような文章では、まともな読書感想文にはなりません。

読書感想文も「ホップ・ステップ・ジャンプ・着地」という四部構成を頭に置いて書いてみましょう。そうすれば、しっかりした読書感想文になります。

しかも、空想作文を書いた子どもたちは、物語の書き方が理解できています。ですから、逆に物語の読み方もほかの子どもたち以上に理解できているのです。作者の気持ちを類推しながら文章を読むことができます。作者の工夫にも気づくことができます。深く物語を読んで、それを感想文に書くことができるのです。

まずは、以下の「型」を身につけることによって、しっかりした読書感想文を書くことができます。

基本構成

第一部　ホップ

本を読む前の期待感を書きます。本の題名や表紙の印象から「題名にひかれた」「表紙の男の子の顔がとぼけていておかしかった」といったことを書きます。

その本を読んだきっかけを書くのもよいでしょう。「塾の友達に勧められた」「おもしろかった映画の原作だった」といった内容です。

第二部　ステップ

本の内容、あらすじを書きます。ただし、感想文はあらすじ紹介が主ではありませんので、長く書きすぎないように注意します。重要な登場人物を紹介し、一番大きな事件、出来事をまとめ、最後にどうなったのかを書けば十分でしょう。

第三部　ジャンプ

その本の主題、いいたいことを探り当て、それに対する自分の考えをまとめます。

そのほかに、本を読んで考えたこと、疑問に思ったこと、特におもしろいと思ったことなどを書くのもよいでしょう。なるべく個性的に書きます。ここが読書感想文の中心です。

第四部　着地

全体をまとめます。これからどのように生きていきたいか、どんな本を読みたいかなどを加えてもよいでしょう。ホップで書いた、読む前の印象がどう変わったのかを書くのもよいでしょう。短くまとめて、しめくくります。

例文を紹介しましょう。4年生の書いた読書感想文です。

『ママ・ショップ』を読んで

タイトルと絵を見たときにママ・ショップのママ達の生活を見たくなった。この話はママが何人も出てくる話かと思った。ママがきかいから出ているからだ。

男の子のオーリは『血の海さつ人事けん』を見せてくれないママをママ・ショップにつれて行った。そこでオーリは交かんじょうけんを三つ書きママをとりかえた。でもとりかえたママともうまくいかなかった、最後にオーリは自分のママが一番だと気がついた。

この本の主題は人の気持ちを考えることが大切ということだと思う。でも私は人の気持ちを考えることが必要なときもあればないときもあると思う。電車内で具合の悪そうな人を見つけたことがある。このときはその人の気持ちを考えて席をゆずった。でも学級会で私は良いと思わない意見が通ろうとしたことがある。このときは他の人の言い分も理解したが、それに惑わされずに自分の意見を言った。なんでもかんでも人の気持ちを考えればいいわけではない、時と場合によるのだ。

最後に、ママ・ショップがあるならパパ・ショップもあるといいと思う。ママ・ショップがあってパパ・ショップがないと不公平だ。正直に言うと、私はママよりもパパを売ってしまいたいと思うことのほうが多い。

感想文ではジャンプで「体験」を活用する

読書感想文のもっとも大事な部分なのは、第三部「ジャンプ」の部分です。ここに自分らしい感想を書きます。

「この本を読む前は、友情について〜と考えていたが、この本を読んで、……と考えるようになった」

などというように、その本を読んで、それまでと考えの変わったことや、

「なぜ、登場人物はそんなことをしたのか疑問に思って考えてみた。人に聞いたり、調べたり、自分で考えたりして、このようなことがわかった」

などを書くことができます。

とくに、作者は何を言いたいのかについてしっかり考えると、優れた読書感想文になります。小説の場合、作者は登場人物の行動や台詞を通して、何かを言おうとして

いますので、それがどのようなものかを考えて、それについての自分の意見を書きます。その**意見に説得力を持たせるために「体験」を活用するのが有効です**。

例文のジャンプの部分（第三段落）をご覧ください。主題を「人の気持ちを考えることが大切」と読み取り、それに対し、「時と場合による」と反論しています。その自分の意見に説得力を持たせるために、電車内で親切をした体験と学級会で周囲に流されずに主張をした体験を紹介しています。このように体験を活用すると読書感想文もぐんと読み応えのあるものになるでしょう。

「知識」を活用してジャンプを書くこともできます。同じ作者の他の作品を読んでいれば、その作品との比較を書くのもよいでしょう。あとがきを読んだり、作者について、あるいは物語の舞台となっている時代や土地を調べたりして得た知識を活用することで、おもしろくまとめられるときもあるでしょう。

ただ、注意したいのは、調べたことのすべてを書かないことです。あくまで**調べるのは書くためのアイデアを得るため**と心得ておきましょう。

読書感想文を書くときの注意点

長々とあらすじを書くのが、悪い感想文の典型です。また、**あらすじを説明しながら、その途中に少しずつ感想を付け加えていくタイプの文章もしばしば見かけますが、それもよくない感想文の典型です。**

第二部であらすじをまとめて書いて、その後は、もうあらすじにはそれほど触れないようにするほうがまとまりやすいでしょう。

フィクション（小説などの空想に基づくもの）以外の文章を感想文に書くこともできます。そのような場合には、あらすじを書くことができませんので、その本の内容を書きます。

しかし、この種の本の場合、いくつものテーマを扱っていることも多いでしょう。そのような場合、一部にしぼって書くとうまくいきます。その本の全体について感想を書くのではなく、その一つの章についてだけ書きます。

作文とはここが違う！　小論文の書き方

小論文とは、社会の出来事や人間の生き方などについて、主観的に書くのではなく、客観的、論理的に論じるものです。しかし、そう言われても、多くの人がまだわからないでしょう。

実は、もっとわかりやすい作文と小論文の違いがあります。**小論文というのは、イエス・ノーを判断する文章**、作文は、そうでない文章、と考えるとわかりやすいのです。「学校の制服」という題を出されて、どこの学校の制服がかわいいかなどについて書いても、作文にはなるかもしれませんが、小論文にはなりません。また、制服の歴史を調べて、それを説明しても、それは説明文でしかなく、小論文ではありません。

小論文を書きたければ、「学校に制服を定めるのはよいことか」「制服をなくすほうがよいのか」などのイエス・ノーを考える必要があるのです。そうしてこそ、小論文になります。もちろん、イエス・ノーを答えるだけでは一行で済んでしまいますが、そのように考える理由を書く必要があります。つまり、**イエス・ノーを判断して、その理由を示すのが小論文なのです。**

小論文では、「知識」を活用する力が役に立ちます。まず、課題文を読むとき、ものを言うのが知識です。社会や人間に対しての知識があれば、課題文を理解できます。自分の小論文を書くときには内容を豊かにできます。意見の根拠を示すときにも、知識がなければ、説得力あることが書けません。

小論文も「ホップ・ステップ・ジャンプ・着地」と同様に四部構成の型を用いると、うまく書くことができます。

小論文は論理的に書かなくてはいけませんが、そのためにはそれなりの手順が必要です。初めに何を書くか、次にどうするか、ほぼ決まりがあります。そのような型に基づいて書くと、必然的に論理的になります。

基本構成

第一部 ホップ（問題提起）

全体の10パーセント前後です。ここで、問題点を整理して、イエス・ノーをたずねる問題を作ります。

たとえば、「学校の制服」という題が出されたら、「学校の制服を定めるべきか」などの問題提起にするわけです。

第二部 ステップ（意見提示）

全体の30～40パーセント前後が適当です。イエス・ノーのどちらの立場なのかをはっきりさせる部分です。「確かに」のあとに、反対意見についての目配りをしたあとに、「しかし」と切り返して、自分の意見を書くという形をとるとうまくいきます。

たとえば、「学校の制服を定めるべきか」という問題提起をして、「定めるべきだ」という方向で書きたい場合は、「確かに、学校の制服を定めるとよくない面もある。

たとえば……。しかし、よい」というようにします。こうすることで、視野の広さをアピールすると同時に、字数稼ぎができるのです。

第三部　ジャンプ（展開）

全体の40～50パーセント前後が適当です。小論文のクライマックスといえる部分であり、第二部でイエス・ノーの立場を示したので、ここではその根拠を書きます。できるだけ社会的な視野を示すことが大事です。イエスで答えたいときには、根拠だけでなく、その対策を書くこともできます。なお、いくつものことを並べて書くとまとまりがなくなりますので、できれば1つ、多くても2つくらいのアイデアにしぼって、くわしく説明するのが望ましいでしょう。

第四部　着地（結論）

全体の10パーセント前後で十分です。もう一度、全体を整理して、イエスかノーかを確認します。努力目標や余韻をもたせるような締めの文などは必要ありません。

例文を紹介しましょう。５年生の書いた「子どもが本をたくさん読むのはよいことか」というテーマの小論文です。

「子どもが本をたくさん読むのはよいことか」

学校では、先生達が本を読むことをすすめている。では、本当に子どもがたくさん本を読むのはよいことだろうか。

確かに本を読むことでいろいろな言葉や知識を知ることができる。子どものうちに様々なことを知っていると学習面でも助かる。しかし私は子どもが本ばかり読むのはあまりよいことだとは思わない。

本をずっと読んでいると外に出て運動することが少なくなる。子どもには適した運動が必要だ。運動をしないと体の調子が整いづらい。それだけではない。本をずっと読んでいると暗い場所でも気にせず読んでしまう。すると目が悪くなる。目はずっと使うものだから生活でも困る。本をずっと読んでいるとどうしても姿勢が悪くなる。背中をまるめていると、肩や腰に負担がかかり、肩こりや腰痛になる。そうすると将来、不健康になりやすい。それでは生きるために必要な本を読むことで得られる知識が水のあわになってしまう。

だから私は、大人になっても使う体の健康のことも考えて、本ばかり読むのはよいことだとは思わない。

小論文ではジャンプで「知識」を活用する

小論文でもっとも大事な部分なのは、第三部です。第二部で示した意見の根拠を書きますが、ここで根拠の背景となる知識をどれだけ持っているかで、説得力に差が出ます。

しかしここで勘違いしないでほしいのですが、小論文は社会や理科のテストと違って、暗記した知識をそのまま書けば正解になるというわけではありません。知識を並べただけでは何も論じていないのと一緒と見なされます。知識を活用して、テーマの背景を考えることが重要になってきます。

もう少し具体的に言うと、出題されたテーマについて、**「今、何が問題になっているか」「その問題についてどんな意見や考え方があるのか」「そもそもなぜそれが問題になっているのか」**といったことを持っている知識を総動員して考えるのです。

例文のジャンプの部分（第三段落）をご覧ください。

小学5年生ですので、持っている知識には限りがあります。それでも、

「最近の子ども、とりわけ都会の子どもは運動不足である」

「運動不足は子どもの心身の成長に悪影響だ」

「そもそも本は知識、教養を得るための手段であるが、今の時代は本以外にも知識・教養を得る手段はテレビ、インターネットといろいろある。本ばかりに頼る必要はない」

といった知識を思いつき、書いているような根拠を示せたのです。作文で知識の活

用を学習していると、小論文で活用する知識の掘り出し方も上手にできるでしょう。

小論文を書くときの注意点

小論文で使う文体は、新聞で使われる文体です。多くの人が作文では「です・ます」（敬体）の文体で書くと思いますが、小論文は「だ・である」（常体）で書くのが原則です。新聞でも基本的に「だ・である」が用いられています。「です・ます」は、ある人にあてて書くときに使う文体だとされています。小論文は手紙などと違って、誰かにあてて書くわけではありませんので、「だ・である」が好ましいとされているのです。とくに、**「です・ます」と「だ・である」を交ぜて書くようなことは絶対にしてはなりません**。

小論文には作文と異なる点もあります。

作文の場合は様々な表現上のテクニックを使います。会話を使ったり、「皆さん、どう思いますか」などと読み手に呼びかけたり、「してはダメなんです、そんなこと」などというような倒置文を使ったり、「それをするのが仕事。」というような体言止めを使ったりします。話し言葉を使ったり、くだけた表現を用いることもできます。しかし、そのような表現を小論文では用いないのが原則です。

小論文はあくまでも、文体ではなく、内容の掘り下げ、根拠の説得力が必要であることを覚えておきましょう。

第6章

家庭でできる楽しい作文遊び

――やる気とアイデアを引き出す親の習慣

作文は遊びの延長

作文は楽しいものです。作文を勉強と考えて、いやいやながら取り組むべきものではありません。作文を遊びの延長と考えてほしいのです。同時に、日常の遊びを作文に結び付けてほしいと思います。

日常の遊びの中に作文の力を伸ばす機会はたくさんあります。そうした遊びをしながら、語彙を増やし、発想力を豊かにし、語りたいという意欲を刺激し、遊びの延長として作文を書いてほしいのです。

そのためには、いくつもの方法があります。ぜひ、保護者の方がこれらの方法を上手に使って、子どもに自然に作文に対する意欲を高めてほしいものです。

しりとり

子どもたちはしりとりが好きです。作文の練習にもしりとりが有効です。

もちろん、ふつうのしりとりでも語彙力が増しますが、ちょっと工夫をすることによって、もっとおもしろく、もっと力のつくものにできます。

ふつう、子どもたちのするしりとりは、「リス→スイカ→カボチャ→ヤキイモ→モモ→モチ」などと進んでいきます。

もっと頭を使うために、少し制限をつけてみてはどうでしょう。少し難しくなりますので、それほど長くは続かないと思いますが、**語彙力を驚異的に伸ばすでしょう。**

たとえば、「いきもの」しか答えてはいけないとか、「日用品」しか答えてはいけないなどとするのです。

もっと高度なのは、**重ね言葉のしりとり**をすることです。ただし、実はこれは厳密な意味でのしりとりではありません。重ね言葉は数がそれほど多くありませんし、「どんどん」「かんかん」など「ん」のつく言葉が多いために、一般的に言うしりとりは成り立たないのです。

少し、趣向を変えて、「く」のつく重ね言葉をお互いにどのくらいの数を言えるか競い合ったりします。

「くるくる・くらくら・くすくす・くさくさ・くたくた・くりくり・くんくん」

などと言いあうのです。

ただ、この遊びをすると、どうしても、無理やりの言葉が出てきます。たとえば、「くみくみ」という言葉があるかどうかといったことが問題になるのです。その場合には、判定者が必要でしょうし、判定が曖昧になってしまうことがあるでしょう。しかし、それもまたコミュニケーションが広まる機会です。ときどき、このような遊びをしてみてはどうでしょう。

なぞなぞ

なぞなぞも言葉に関心を持たせるいい方法です。

なぞなぞといっても、とんちをきかせる必要はありません。ごく普通の、「これなあに?」という問いでよいのです。

「家にあって、汚れたものを突っ込んで、きれいにしてくれるものなあに?」

というようなものでもよいでしょう。また、もうすこしひねって、

「甘くて、焼くとおいしくて、食べるとおならがでやすくなるもの、なあに?」

というような問題ですと、もっと楽しくなるかもしれません。

初めのうちは、大人が問題を出して、子どもに答えさせます。子どもの年齢に応じて、やさしいものから難しいものにしていきます。そして、子どもが慣れてきたら、子どもに問題を出させます。

もちろん、初めのうちは、何らかの形で出来損ないの問題になってしまうかもしれませんが、慣れるうちに良い問題を作れるようになるでしょう。そうすることで、**語彙力も増しますし、説明する能力も増します。知識も増えていきます。**

「なにをした？」遊び

第2章でもお話しした通り、具体化と抽象化は思考の原点です。それを遊びに取り入れるのも能力を開発し、作文力を高めるうまい方法です。

たとえば、

「お母さんは、さっき、すごくおっちょこちょいなことをしました。何をしたと思う？」

などと子どもに話を向けます。家族のうちの誰か、共通の知り合いの誰かを話題にするといいでしょう。最近の行動とは限りません。家族の昔の行動を例にとります。

「そのとき、おじいちゃんは家の中でとんでもないことをしたのよ。何だと思う？」

などと話を向けます。「手に電話機を持っていた」とか「テレビで怖いドラマを見たあとだった」などと**ヒントを出します。そして、行動を当てさせる**のです。

テレビドラマに話題を広げてもかまいません。小説の内容に広げてもいいでしょう。

おもしろい話題を見つけて、それを子どもに空想させます。

「この小説の主人公はすごいことを思いつくんだよ。何だと思う？」

などという要領です。

もちろん、正解を出すことが目的ではありません。あれこれ**推理し、空想して、つじつまの合う話を見つけ出していく手順こそが大事**なのです。

「別の話」遊び

子どもたちはテレビのアニメ番組が好きです。親も一緒に見ながら、楽しみながら作文の力をつけることができます。

もっとも簡単なのは、

「これからどうなると思う？」

と尋ねてみることです。お母さんが一緒に見ながら、「私はこれからこうなると思うんだけどなあ」などと水を向けてみます。時にわざと突飛な予想をしてみるのもいいでしょう。そうすると、お子さんはそれに反対します。あとになってお母さんの予想が間違っているとわかったとき、話の糸口になります。

ただし、もちろんあまりに突飛な予想を繰り返していると、信用をなくしてしまいますので、その点は加減する必要があります。

もし、**子どもの予想が当たったときには大げさにほめてもいいでしょう。予想が間違っていたときにも、「○○ちゃんの言ってたほうがおもしろいのにね」などとフォローするといいでしょう。**

そして、もしそれが本当におもしろいものでしたら、

「続きを自分で書いてみたら？」

というように作文にまとめるように勧めます。

つぎたし話

子どもにいきなり、「物語を作ってごらん」と言っても、なかなか難しいでしょう。

しかし、何人かでお話を作っていくのでしたら、それほど難しくありません。

何人かでつぎたし話によって話を作るのは、作文の練習にとても有効です。

たとえば、四人くらいで、リレー形式でお話を作ります。両親と子ども二人でやってもいいですし、友達とやってもいいと思います。楽しみながらできるはずです。

慣れてきたら自由にしてもよいのですが、初めのうちは、「ホップ・ステップ・ジャンプ・着地」の役割を決めて、話を作ると、簡単にできるでしょう。

まず「ホップ」の役割の人が、物語の発端を作ります。

次に、「ステップ」役の人が、発端を引き継いで話を進めます。

こうして、「ジャンプ」の役の人が話を大きく発展させ、クライマックスに話を結びつけます。

そして、「着地」の人がなんとか解決させます。

それぞれの役割を交代して、また別の話を作ります。それを何度か繰り返します。

時には、条件をつけて、話を作るのもよいでしょう。たとえば、「ステップ」役の人の話が終わったら、「ジャンプ」役の人に、

「七転び八起きということわざを必ず入れること」

「ここにある新聞からなんでもいいから一つネタを使うこと」

などの条件をつければ、知識を活用する練習になります。

「友だちとのエピソードを必ず入れること」

「過去の失敗談か手柄話を入れること」

などの条件をつければ体験を活用する練習になるでしょう。

もちろん、整合性のある話を作るのは大変です。大人であっても、なかなか、おもしろくて整理された話を作るのは難しいでしょう。しかし、何度か話を作っているうちに、おもしろい話が生まれます。それで十分です。

そして、話を作っている途中、自分の作った話がほかの人の中で変更され、思わぬ方向に行くのを知って、そのおもしろさを感じたり、自分だったらこうするのにという不満を感じたりします。そのような過程が大切なのです。そうすることで、子どもたちは様々な力をつけていきます。

付録 中学入試作文必勝テクニック

中学受験を考えているお子さん、保護者の方は多いでしょう。中高一貫校などでは、国語試験や適性試験に作文が含まれることが多くあります。作文対策に困っておられる方も多いでしょう。

中学受験の作文対策にも、本文で示した3つの領域の学習が有効です。空想をし、知識を増やした意見を行うことで、中学受験の作文科目に必要な力をつけることができます。

が、中学入試合格には、そのほかにちょっとしたコツがあります。付録として、中学入試作文必勝法を伝授しましょう。

文章の書き方の基本

作文のルールを守ろう

作文にもルールがあります。
作文を書くときは、そのルールをきちんと守って書くようにしてください。

原稿用紙の使い方を守って書く

作文を書くときは、次のような原稿用紙の使い方を守ってください。

❶原稿用紙の1マスに1字を書く。
❷テン（、）やマル（。）も1マスを使う。
❸数字を書くときは漢数字（「一」「二」「三」……）を使う。
❹最初の書き出しと段落の初めは1マスあける。
※ただし、段落をかえないときは、マス目をあけない。

一つの文を長くしない

一つの文が長くなると、どうしてもわかりにくくなってしまいます。ですから、文は、できるだけ短く書くようにします。

例

ごみを有料化すれば、多くの家庭が、できるだけごみを減らして、負担する料金を減らそうとするので、ごみの量が減って、ごみを処理する費用が減るだけでなく、一人一人の国民にごみに対して責任があることを自覚させることができる。

↓

有料化すれば、多くの家庭が、できるだけごみを減らして、負担する料金を減らそうとする。そうなると、ごみの量が減って、ごみを処理する費用が減る。それだけでなく、一人一人の国民にごみに対して責任があることを自覚させることができる。

「です・ます」と「だ・である」をごちゃまぜにしない

文の終わりは、「です・ます」か「だ・である」のどちらかに決めて書きます。

例

日本の人は相手のことを思いやって、仲よくしようとする。そのために、自分の思っていることをはっきり言いません。もっとはっきり言うことも大事だと思います。

↓

日本の人は相手のことを思いやって、仲よくしようとする。そのために、自分の思っていることをはっきり言わない。もっとはっきり言うことも大事だと思う。

または

日本の人は相手のことを思いやって、仲よくしようとします。そのために、自分の思っていることをはっきり言いません。もっとはっきり言うことも大事だと思います。

長い文章のときには、段落分けをする

長い文章を書くときには、段落を分けて書くようにしましょう。場面がかわるときや文章の内容がかわるときには、行をかえて段落をかえます。そのときは、その行の下はあけたままにしておいて、次の行の最初の1マスをあけて書きはじめます。

中学入試作文の心構え

中学受験の入試問題として、作文が課されるところが増えています。ここでは、入試作文を書く場合の心構えについてお話ししましょう。

入試問題で「作文」と呼ばれていても、実は「小論文」タイプのことがほとんどです。意見を書いたり、説明を書いたりします。このような小論文タイプの文章を入試で書く場合、以下のことに気をつける必要があります。

❶字数は必ず守る

字数制限の指示も絶対に守らなければなりません。「300字以内」とあれば、一字でも超すと0点になります。そして、制限字数の9割以上は書くべきですが、8割を超していれば許されると思ってよいでしょう。「200字以上300字以内」という指示の場合も、必ず、その範囲内で書かなければいけません。

なお、特殊な場合を除いて、段落がえをしたために空白になった場合も字数に加えます。

❷小論文タイプは常体（「だ・である」調）が原則

一般の作文でしたら、敬体（「です・ます」調）を使ってもよいのですが、入試問題で、しかも意見を短くまとめるような場合は、常体（「だ・である」調）が原則です。「です・ます」を絶対に交ぜないように気をつけて書く必要があります。

❸小論文タイプは、よそ行きの書き言葉を使う

小論文タイプの文章は、くだけた言葉を使わずに、よそ行きの書き言葉で書きます。「……してるけど」などとは書かずに、「……しているが」などとします。

話し言葉と書き言葉の区別がつかない人は、新聞などを読んで、しっかりした書き言葉をふだんから身につけておく必要があります。

❹小論文タイプの文章では、?、!、会話は原則として使わない

作文の場合には、?や!を使うことができます。しかし、小論文タイプの文章では、それらは使わないのが原則です。これらはもともと日本語ではありませんので、使わないのがルールになっているのです。

また、作文の場合には、「　」を使って会話を書くことがありますが、小論文タイプの文章では特殊な場合を除いて会話を書くことはありません。

❺自分のことは「私」が原則

自分のことを呼ぶとき、小論文タイプの文章では「私」という言葉を使うのが原則です。「ぼく」や「自分」と書く人がたくさんいますが、それはあまりよい言葉遣いとは言えません。男の子は少し抵抗があるかもしれませんが、書き言葉で書くときには、「私」が原則だと考えてください。

❻字数に応じて「型」を応用する

求められている字数や条件に応じて、次のような構成法を取ると、書きやすくなります。

Aタイプ・基本型（200字以下の場合）

短い字数でまとめる場合の基本的な書き方です。ほとんどの場合、この型を用いて書けます。

第一部　ズバリと結論を書く

最初に、尋ねられていることについての結論をズバリ言う。

第二部　第一部で書いた結論の理由を書いてまとめる

第二部では、第一部で書いた説明を加えて、なぜ第一部に書いたような結論に至ったのかを書く。

例

ごみの有料化はよいことだと考える。

有料化すれば、多くの家庭で、できるだけごみを減らして、負担する料金を減らそうとする。そうなると、ごみの量が減って、ごみを処理する費用が減る。それだけでなく、一人一人の国民にごみに対して責任があることを自覚させることができる。

Bタイプ

Aタイプとまったく逆の「型」です。第一段落と第二段落が逆になった形と考えればいいでしょう。ほとんどの場合はAタイプで書きますが、設問に「初めに……を書いて、最後に結論を示しなさい」などの条件が付くことがあります。その場合には、この型を知っていると書きやすくなるはずです。

第一部　**説明を先に行う**

結論に至るまでの考えの説明などを先に行う。

第二部　**結論をまとめる**

尋ねられていることについての結論を最後にまとめる。

例

ごみを有料化すれば、多くの家庭で、できるだけごみを減らして、負担する料金を減らそうとする。そうなると、ごみの量が減って、ごみを処理する費用が減る。それだけでなく、一人一人の国民にごみに対して責任があることを自覚させることができる。

だから、ごみの有料化はよいことだと考える。

Cタイプ（字数が２００字を超すときに使う）

第5章で紹介した小論文の構成法とほぼ同じです。ただし、字数によっては段落がえの必要はありません。２００字でしたら、一つの段落に書くことができます。

第一部　ホップ（問題提起）

ここで、問われている問題に答えます。「……についてどう考えますか」などと問われていたら、ここでズバリと「……と考える」と示します。

第二部　ステップ（意見提示）

「確かに……しかし～」というパターンを使って書くと、書きやすいでしょう。「確かに」のあとに、反対意見についての目配りを書いたあとに、「しかし」と切り返して、自分の意見を書きます。

第三部　ジャンプ（展開）

なぜ、第二部で書いたようなことが言えるのかを説明します。体験を交えて書くことが求められている場合には、この部分で体験を示します。

第四部　**着地（結論）**

もう一度、全体を整理して、自分の意見を繰り返します。

例

ごみの有料化はよいことだと考える。

確かに、ごみを有料化すると不法投棄が増えて、環境に悪影響を及ぼす可能性がある。そうしたことに警戒する必要がある。だが、ごみの有料化そのものは好ましいことである。

有料化すれば、多くの家庭で、できるだけごみを減らして、負担する料金を減らそうとする。そうなると、ごみの量が減って、ごみを処理する費用が減る。それだけでなく、一人一人の国民にごみに対して責任があることを自覚させることができる。

だから、ごみを有料化することで環境を守れると考える。

❼条件は必ず守る

「具体例を示して」「体験を加えて」などの条件があった場合は必ず守ります。「初めに……を示して、次に〜」などという書き方について条件を出されることがありますが、それについても無視してはいけません。

また、問われているテーマに対して、「それについて考えても意味がない」などの書き方をしてはいけません。問われていることにきちんと答えるのが原則です。

❽弁解がましいことを書かない

テーマがよく知らない場合でも、「私はこんなことを今まで考えたことはなかったが」「私にはこんな難しいことはわからないが」などと言い訳してはいけません。たとえ自信がなくても、はっきりと自分の意見を言い切ります。

❾できるだけ漢字を使う

ひらがなばかりの文章では、国語力を疑われてしまいます。文法的に正しい日本語で、学校で習った漢字はきちんと使って書きます。

ただし、むやみに難しい漢字を使う必要はありません。たとえば、「……する為に」

「……である事が」などの漢字を使うのも不自然です。

また、漢字に自信がないときには、別の言葉を使うべきです。漢字を間違うと、減点になることがありますので、気をつけましょう。

⑩ 字数が足りないときには具体例を示す

書くことが見つからずに、字数不足になってしまったときは、具体例を加えるとうまくいくことがあります。説明をくわしくして、字数を増やすことができます。また、最後に、もう一度結論を繰り返しても、字数が増えます。

⑪ 濃いめの字できれいに書く

薄い字で自信なげに書くと、読んでいる方にも自信のなさが伝わってしまいます。濃い字で書くほうがしっかりした文章に見えます。中には字の下手な人もいるでしょうが、丁寧に書くことが大事です。

中学入試作文問題必勝テクニック

中学入試によく出るタイプの例題を使って必勝テクニックを説明しましょう。

例題1 次の文章を読んで、後の問題に答えなさい。

　私はブータンを旅行したことがあります。ブータンは幸せの国といわれます。半信半疑で訪れたのですが、現地の人と話したり、見聞きしたりして、本当にブータンの人たちは幸せに生きていると感じたのでした。
　ブータンの人と話しているうち、私は人間の生涯《しょうがい》の幸福の度合いは、簡単に言うと愛情の総量で決まるのではないかと思うようになりました。記憶の中にある熱烈《ねつれつ》な恋愛、温かく長く続く恋愛、あるいは家族愛など、愛情と呼ばれるものの中には様々な性格のものがあるでしょう。それらすべてを合わせての量がたくさんある人は、きっと幸せな人生を送ったのでしょう。

ブータンの人たちは夫や妻や子どもを愛し、親族を愛し、友だちを愛し、人生を愛し、故郷を愛し、国を愛し、芸術や文化を愛しているのをつくづく感じました。

パソコンと同じように心の中にも記憶の保存限度があり、それが愛情でいっぱいになっていると、その人の人生は幸せなのだと思うのです。

現在、自分が幸せと感じているかどうかも、どれほどの愛情を心の中に持っているか、現在、どのような愛情を注いでいるかによるでしょう。家族を愛し、友だちを愛し、ペットを愛して生きていれば、間違いなく充実《じゅうじつ》しているでしょう。

どれほどお金を稼《かせ》げるか、どれほどの地位につくか、どれほどの権限を持つかではなく、愛情の量を幸せの尺度にする生き方もよいものだと思うのです。

問題　あなたにとって幸せとはどのようなものですか。課題文をふまえたうえで、あなた自身の体験をまじえて、400字以内で書きなさい。

文章が与えられ、国語的な設問がいくつかついた後、最後の設問にその文章のキーワードについて自分の意見を書くことが求める作文問題は、中学入試、高校入試の国語問題の基本的なパターンです。また、「あなたにとって、……とは何か」と問われるのも、定番の問題ですし、「体験を交えて」などの条件が付くこともしばしばあります。

このような問題に慣れていないと、何をどう書いてよいのかわからずに途方に暮れてしまいます。

❶「あなたにとって、……とは何か」という場合の対応法

「あなたにとって、……とは何か」（そのほか、「あなたは、文中の……をどうとらえるか」などの場合もあります）などと、課題文のキーワードについての意見が問われたときには、まず、短い言葉で、**その文章でそのキーワードがどう捉えられているか**を表現してみます。この問題では、「幸せとは愛情をたくさん持つことだ」とまとめられるでしょう。

次に、**その主張に賛成かどうか**を考えてみます。つまり、この文章では「幸せとは愛情をたくさん持つことだ」と言われているが、本当にそうか考えてみます。それを書けばよいのです。

ただ、このような課題の場合、課題文とは無関係に、自分の考える幸せの条件（たとえば、「欲を持たずに満足して暮らす」「自然に囲まれて暮らす」などにすることもできます。しかし、その際も、「確かに、課題文で言っていることにも正しい面がある」ということを示して、課題文をきちんと理解したことを示すとよいでしょう。

❷賛成のほうが書きやすい

その文章がキーワードについてどう考えているかがはっきりしたら、それに賛成か反対かを考えます。大学入試などの場合には、課題文に反対するほうが書きやすいことも多いのですが、中学入試では、賛成するほうが書きやすいでしょう。反対すると、どうしても無理やりで独りよがりになってしまいがちです。

ただしもちろん、しっかりした根拠の反対意見を思いついたら、その方向で書くこともできます。

今回の課題の場合、「私も、幸せとは愛情をたくさん持つことだと思う」という方向で書くとよいでしょう。そして、それを具体的に示すような自分の体験を示します。

もし反対する場合には、「愛情を持つだけでは幸せでない。どれほど、愛されたかによって幸せが決まる」という方向で書くこともできるでしょう。しかし、そうすると、どうしても浅くなってしまいそうです。また、「幸せのためには、何よりもお金や権力が大事だ」と書くこともできるでしょうが、それも浅くなってしまいますので、やめたほうがよいでしょう。

❸小論文の型を用いて書く

意見を問われるということは、たとえ「作文」と呼ばれていても、「小論文」と見なすことができます。意見を言うとは、論じるということですので、意見が求められている場合は、小論文を書くということです。

このような問題の場合、先ほど説明したCタイプの「型」を用いると書きやすいでしょう。

「あなたにとって幸せとはどのようなものですか」という問いなのですから、最初の段落で、「私にとっても幸せとは愛情の量だ」などと書きます。

第二段落に「確かに、愛されることも大事だ」「確かに、お金も大事だ」というような反対意見を示した後に、「しかし、愛することが幸せを作る」などと書きます。

そして、第三段落で体験を交えて自分の考えを説明して、最後の段落でもう一度自分の意見を断定します。

❹体験は嘘でもいい

体験を書くように求められる問題の場合、もちろん自分の本当の体験を書くのが原則です。しかし、中学受験の場合、受験するのは小学生ですから、それほどの体験はありません。文意は理解しているのに、体験を思いつかずに文章を書けなくなる子どもが少なくありません。それではあまりにも**もったいない**。

自分の体験がない場合には、ためらわずに、フィクションにするしかありません。

本で読んだ内容、テレビで見た内容などを思い出し、それを上手に加工するとよいでしょう。

たとえば、今回の課題の場合、ペットだった犬に愛されなくて愛情を求めていたときより、愛情を返すことのない亀に愛情を注いでいたときのほうが幸せな気持ちを味わっていたエピソード、サッカーや野球などのチームや選手を愛して応援することで幸せを得ているエピソードを加えれば、いっそう説得力は増します。

❺体験は短めに

体験を書くことが求められるときには、長く書きすぎないように気をつけます。全体を400字程度で書く場合、体験を書けるのは100字か200字程度です。くわしく説明していると字数が足りなくなってしまいます。かいつまんで、大事なことだけを書くようにします。

今回の課題でしたら、「ペットに対して愛情を感じているとき、とても幸せに感じた」ということを具体的に説明します。もっと鋭く書きたければ、亀や魚や植物などの愛情を返すことのないものを愛して幸せに感じた例を示して、「愛情を得ようとすると、むしろ物足りなくなって不幸になってしまう。愛情を与えることの方が満たされる」ということを説明すればいいでしょう。

体験を書くとき、**あくまでも自分の主張の例としての体験だ**ということを忘れないようにします。そのためには、初めに主張を書いて、その例として体験を書き始めるような形にするとよいでしょう。

今回の場合は、「愛情を感じているときに幸せだと感じた。例えばこんなことがあった」などと第三段落を書き始めます。そうすれば、ずれないで書くことができます。

解答例1（主張に賛成する）

幸せとは愛情をたくさん持つことだと私も考える。この文章を読んでそれに気づいた。

確かに、お金や権力を持つことが幸せだ。また、愛してもらえることが幸せだと思っている人も多い。それはその通りだと思う。しかし、お金や権力や、愛されることを求めると、それが手に入らなかったら不幸な気持ちになってしまう。それよりも自分が愛することで手に入る幸せのほうが本当の幸せだと考える。

私は犬と猫と亀を飼って、愛情をたくさん持っていて幸せを感じている。ペットと遊んだり、ながめたりすると、それだけで幸せな気持ちになる。特に亀に私は愛情を求めたりしない。亀が大好きで、亀が動いたり、じっとしていたりするのを見ているだけで幸せになる。このように、愛情をもって相手を見ているときがもっとも幸せなときだと考える。

私は課題文に書かれているように、幸せとは愛情をたくさん持つことだと私も考える。

解答例2（主張に反対する）

私は、相手を愛するだけでなく、愛されるのが幸せだと思う。

確かに、文中で言われているように、愛がいっぱいになって幸せを感じることもある。だが、相手を愛するだけでは、ときどきむなしくなってくるだろう。一方的な愛では悲しくなることがある。自分が愛して、相手から愛されなくては幸せではないと思う。

私の家では柴犬を飼っているが、犬が私に愛情を見せてくれている時に幸せを感じる。前には亀を飼っていたが、亀は愛情を返してくれないので物足りないことが多かった。犬を飼うようになって、犬がしっぽを振って出迎えてくれて、一緒に遊ぶと家族は幸せに思う。犬を飼う家が多いのは、犬は愛情を返してくれるからだと思う。家族が幸せなのも、家族みんなが愛し合っているからだ。

私は、愛情を返してもらって、お互いに愛情を感じ合うのが幸せだと思う。

例題2

次の文章と図を見て、問1・問2に答えなさい。

これから10〜20年の間に、AI(人工知能)によって、現在行われている人間の仕事の半分は奪《うば》われるというオックスフォード大学の調査が発表されて話題になっている。特に驚かせたのが、AI(人工知能)によってとってかわられる業種が、工場労働者や店員、受付、運転手だけでなく、薬剤《ざい》師、ジャーナリスト、警備員、弁護士などの高度な専門職と思われる仕事も含まれていた点だ。

このように考えると、人間の仕事は次々とAIに奪われて、仕事がなくなり、収入を得られなくなり、人間は生活できなくなってしまうという暗い未来を予測してしまいそうだ。だが、そうとは言い切れない面も持つ。

もし、現在のままの社会であり、現在のままの仕事が続くのであれば、人間はAIに仕事を奪われて路頭に迷うだろう。だが、AIによって社会が変化するだろう。新たな仕事が生まれるかもしれない。労働はＡＩに任せて人間はほかのことに力を注げるようになるかもしれない。それに、もちろんＡＩには苦手な分野の仕事、ＡＩには絶対にできない人間だけの仕事もあるだろう。

これからますますＡＩは進化を遂《と》げるだろう。それをどう使うかは人間の力にかかっている。

人工知能（AI）の利活用が望ましい分野

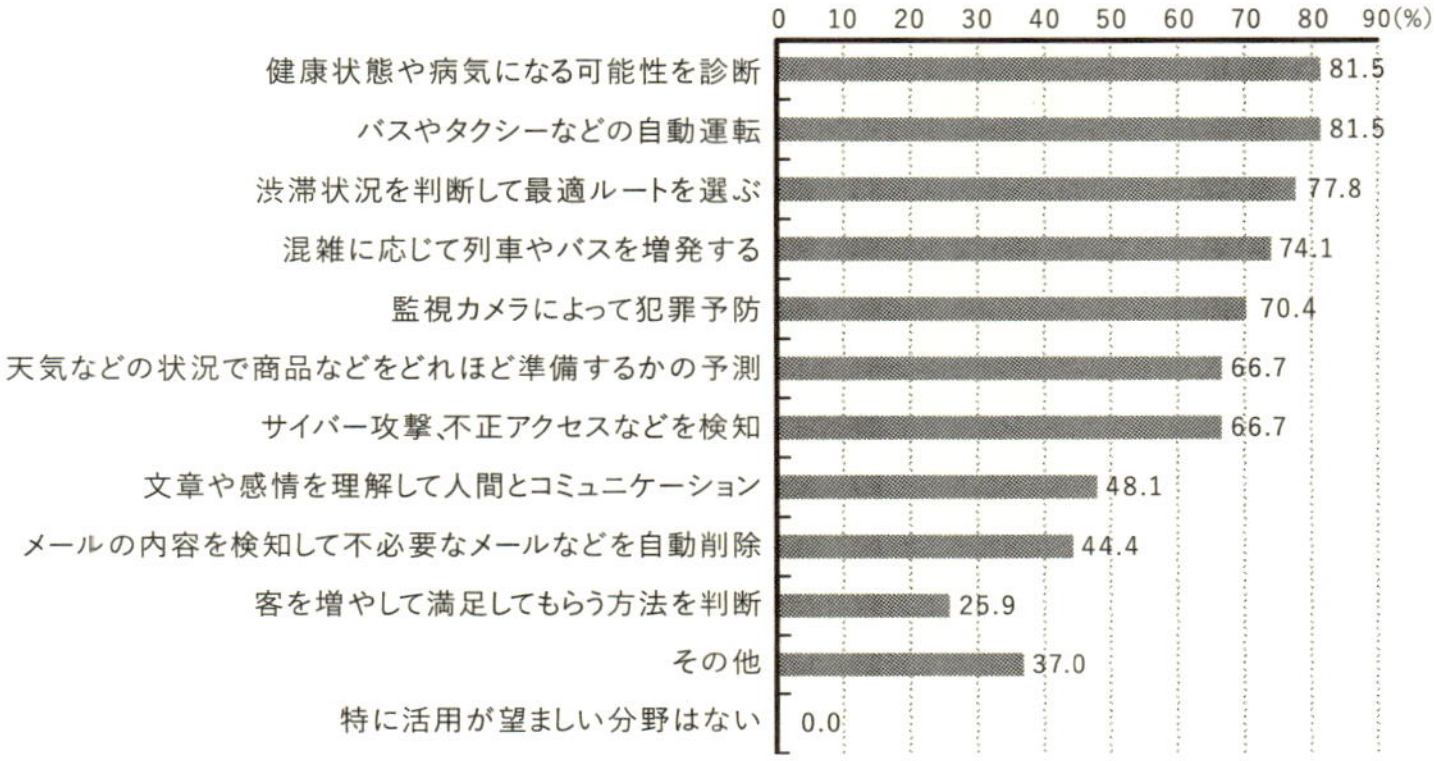

（出典）総務省「ICTの進化が雇用と働き方に及ぼす影響に関する調査研究」（平成28年）
出題の都合により図表の説明などを修正

問1 図からAIが不得意な分野はどのようなことだと考えられますか。200字以内で答えなさい。

問2 20年後にもAIに奪われない人間の仕事にはどのようなものがあると思いますか。300字以内で、一つの仕事を示してその理由を述べなさい。

入試の作文問題では、課題文と図表の読み取りが求められることがしばしばあります。この例題もその一つです。課題文については、とくに難しくありませんので、多くの人が問題なく読み取れるでしょう。

❶グラフはまずは大まかに見る

グラフの読み取り問題が出た場合には、まず大まかにグラフを見ることが大事です。

小さな違いはあまり気にしないで、どの部分が際立っているか、どの部分が少ないかを考えます。

また項目に共通点を考えることも大事です。

今回の課題の図では、ＡＩの利活用の望まれる分野が順に示されています。言い換えれば、これはＡＩが得意にする分野と苦手な分野が示されていることになります。

次に考えてほしいのは、望ましい分野とそうでない分野にどのような違いがあるのか、つまり、ＡＩが得意とする分野と苦手とする分野にどのような特徴があるのかです。下の三つがＡＩの不得意な分野と言えるでしょう。これらに共通点はあるでしょうか。

そう考えると、共通点が見つかるはずです。「文章や感情を理解して人間とコミュニケーション」「メールの内容を検知して不必要なメールなどを自動削除」「客を増やして満足してもらう方法を判断」。いずれも人の心を読み取って、コミュニケーションを取ったり、好みを見抜いたり、満足してもらったりする分野です。

❷２００字未満のときは初めにズバリと答える

２００字以内で答えるのですから、先ほど示したAタイプの「型」を用います。50字や１００字の場合には、一つの文で書くことができますが、２００字ですと、一つの文で書くと、文が長くなってしまいますので、主語・述語が曖昧になってしまい、時に意味不明の文になってしまいます。このようなときには、最初に問いにズバリと答え、その後に説明を加えるのがうまい方法です。

今回の課題では、「ＡＩが不得意な分野はどのようなことだと考えられますか」という問いですので、最初に、「ＡＩが不得意な分野は人間の心の理解が必要な領域である」と示すのです。そして、その後に、そのことをグラフの項目を用いて説明します。問２についても同じです。「20年後にもＡＩに奪われない人間の仕事にはどのようなものがあると思いますか」とありますので、最初にズバリと、仕事を示します。そして、その後でその理由を説明します。段落をかえることもできますし、かえなくてもいいでしょう。

なお、ＡＩに奪われない仕事内容として、図にあるような、人間の心を理解するような仕事だと書きやすいでしょうが、それ以外にもよいアイデアがあれば、それを書くことができます。たとえば、創造的な仕事、芸術家などはおそらくＡＩにはかなり難しいでしょうから、そうしたことを考えてみてもよいでしょう。

解答例

問1

ＡＩが苦手な分野は、人間の心の理解が必要な領域である。「ＡＩの利活用の望まれる分野」のうち、五〇パーセント以下の三つ「文章や感情を理解して人間とコミュニケーション」「メールの内容を検知して不必要なメールなどを自動削除」「客を増やして満足してもらう方法を判断」はどれも、人の心を理解して、コミュニケーションをしたり、相手の人の好みに気を使ったり、満足してもらったりする分野である。

問2

私は学校の先生の仕事はAIに奪われないと思う。

先生は教えるだけでなくて、子どもの一人一人とコミュニケーションをする必要がある。子どもが悩んでいたら相談に乗ったり、一緒に遊んだりするのが先生だ。そのようなことはAIにはできない。心のふれあいのできないAIは、教える機械にはなれるが、子どもを指導する先生にはなれないのである。


私はスポーツ選手の仕事はAIに奪われないと思う。

人々は、人間が自分の能力を超えるような力で走ったり、ボールをとったりするのを見て感動する。力をつけるのにずっと努力している姿を見て感動する。機械がどんなにすごいことをしても感動しない。感動しないとスポーツは成り立たないのだから、スポーツ選手の仕事はAIには務まらない。

中学入試作文のための勉強法

知識をつける

いくら作文の書き方を勉強しても、社会についての知識がなければ、合格レベルの文章を書くことができません。

知識をつけるといっても、ノートを取ったり、暗記しようとしたりする必要はありません。いろいろなことをして、世の中でどのようなことが問題になっているか、大人はどのように考えるのか、知識のある人たちの間では何が常識なのか、そういったことを知るだけでよいのです。以下のことをしていれば、そのようなことが自然に身についてきます。作文を書くときにはそのような知識が必要なのです。

・テレビで報道番組を見る

まずはテレビで報道番組を見ることを勧めます。特に、ニュースや池上彰さんが社会問題について解説しているような番組がよいでしょう。土曜日、日曜日にそれまでに起こったニュースをまとめて解説している番組がありますので、そのような番組もおすすめです。

・新聞を読む

新聞を読む癖をつけるのもよいことです。

大人の新聞には難しいところが多いので、全部は読む必要はありません。わかるところだけでもよいのです。いくつもの欄にコラムがあります。一般の記事は難しすぎても、コラムの中にはわかりやすいものも多いと思いますので、読んでみるとよいでしょう。

私が新聞の中で最もすすめるのは投書欄です。一般の読者の意見が掲載されているコーナーがほとんどの新聞にあるはずです。一般の人の書いた文章ですので、難しくありません。時には、小学生の意見も載ることがあります。いろいろな意見を知ることができるのです。そこを読むだけで、今、人々がどのような考え方をしているのか、知ることができます。毎日、投書欄を読むだけで知識が増えていくのです。

それに、投書欄の意見の中には、小論文の手本になるものがたくさんあります。文章の組み立て方、考え方を知ることができます。

もし、投書欄を読んでいて、書きたい気持ちになったら、新聞に投書してみたらどうでしょう。もしかすると、自分の書いた文章が投書欄に載るかもしれません。投書欄に出ると文章に自信がつきます。

書く練習をする

知識をつけるだけでなく、書く練習もしてみましょう。そのためには、志望校の過去問の解答を書いてみるとよいでしょう。志望校だけでなく、ほかの学校のものも見てみます。実際に書くと時間がとられますので、問題を見て、「もし、自分だったらどう書くか」と考えてみるだけでもいいでしょう。

添削指導を受ける

文章は自分で書くだけではなかなか判断できません。人に読んでもらう必要があります。

まずは子どもの書いた文章を、保護者の方が読んでみてはどうでしょう。それをもとにして、その問題について家族で話し合うのも、考えが深まってよいものです。

そして、できれば、それだけでなく学校の先生や塾の先生に読んでもらって、添削してもらうことをすすめます。添削は大変な作業ですので、丁寧に頼む必要がありますが、必ず役に立つはずです。私が塾長を務める白藍塾も、作文・小論文の添削指導をしていますので、もちろんお子さんの力になることができます。そのような機関を利用してみるのもよいと思います。

著者紹介

樋口裕一　1951年大分県生まれ。早稲田大学第一文学部卒業後、立教大学大学院博士課程満期退学。数々のベストセラー参考書で有名な小論文指導の第一人者。「小論文の神様」と呼ばれ、全国の受験生から圧倒的な支持を得ている。多摩大学名誉教授。「白藍塾」塾長。著書に250万部の大ベストセラーとなった『頭がいい人、悪い人の話し方』（PHP新書）ほか多数。

白藍塾　樋口裕一が、自らの著書を読んだ全国の受験生の相談・要望に応えるために、1991年に設立した通信添削による小論文・作文指導の専門塾。小学生向けの入試対策講座では、公立中高一貫校の適性検査（作文問題）のほか、国立・私立中学の各種入試作文・小論文対策を行い、それぞれで高い合格実績を上げている。

＜白藍塾小学生作文教室＞小１～６対象

〒161-0033　東京都新宿区下落合1-5-18-208　白藍塾

フリーダイヤル　0120-890-195

ホームページ　https://hakuranjuku.co.jp/

変《か》わる入試《にゅうし》に強《つよ》くなる
小《しょう》３までに伸《の》ばしたい「作文力《さくぶんりょく》」

2018年５月20日　第１刷

著　　者　樋《ひ》口《ぐち》裕《ゆう》一《いち》
　　　　　白《はく》藍《らん》塾《じゅく》

発 行 者　小澤源太郎

責任編集　株式会社　プライム涌光
電話　編集部　03(3203)2850

発 行 所　株式会社　青春出版社

東京都新宿区若松町12番１号 〒162-0056
振替番号　00190-7-98602
電話　営業部　03(3207)1916

印 刷　中央精版印刷　製 本　大口製本

ISBN978-4-413-23088-9 C0037